서비스 브랜드 마케팅

원제무 · 서은영

박영사

　글로벌 경제가 서비스기반 산업으로 개편되고 서비스업이 지역총생산GDP에서 차지하는 비중이 날로 높아지는 추세에 있습니다. 우리 경제에 있어서 이제 서비스업은 국가의 핵심산업으로 등장하고 있습니다. 우리 경제도 서비스업의 고용 창출과 부가가치 생산효과가 증대됨에 따라 서비스 산업 지향적인 산업구조의 틀이 잡혀가고 있습니다. 서비스 브랜드 경영이나 서비스 마케팅도 국내외적으로 다양한 분야의 학자나 전문가들이 서비스 이론, 분석방법, 서비스 관련정책 및 제도 등에 대한 연구논문을 발표하고 정책 제안을 하고 있습니다. 이 책은 이러한 연구의 흐름과 성과를 토대로 서비스 브랜드와 마케팅의 연구결과를 반영하고 분석한 결과입니다.

　21세기에 들어와서 많은 전문영역들이 서로 통섭되는 경향을 뚜렷이 보이고 있습니다. 그것은 브랜드와 마케팅 분야도 마찬가지여서, 그동안 별도의 영역으로 간주되어왔던 관광, 도시, 장소, 디자인, 의료 등의 분야가 마케팅과 브랜드라는 주제를 중심으로 이론을 구축하면서 연구활동도 활발해지고 있습니다. 이런 맥락에서 이 책은 관광서비스, 호텔서비스, 의료서비스, 디자인 서비스, 교육서비스, 물류서비스, 교통서비스, 도시서비스, 법률서비스, 행정서비스, 복합공간 서비스 등의 분야의 수업과 실무에서도 많은 도움이 되리라 생각됩니다.

이 책은 모두 6부 16장으로 구성되어 있습니다. 제1부에서는 전환시대의 서비스 산업과 서비스의 현주소를 다루고 있습니다. 21세기는 융합과 창조의 시대입니다. 이 시대의 서비스 산업의 역할은 매우 중요해졌습니다. 여기서는 전환시대에서 서비스 산업의 위상과·미래를 전망하고, 서비스관련 정부의 정책과 서비스관련법을 살펴봅니다.

2부에서는 서비스 브랜드의 개념과 유형에 대해 다면적으로 알아봅니다. 서비스 산업도 글로벌화 되어 세계시장에서 과거에 볼 수 없었던 치열한 브랜드 경쟁이 일어나고 있습니다. 서비스 상품이나 장소, 관광, 리조트 등 각 분야의 세계적인 유명브랜드들은 고객들의 변치 않은 사랑을 얻기 위해 지속적이고 과학적인 브랜드 관리 노력을 기울이고 있습니다. 이러한 관점에서 2부에서는 브랜드의 개념, 브랜드 파워, 브랜드 전략, 브랜드 관리 등에 대해 논합니다.

3부는 서비스 산업의 경쟁전략을 다루고 있습니다. 경쟁전략에는 수요관리 전략, 수요 및 공급관리 전략에는 어떤 것들이 있는지 고찰합니다. 서비스 경쟁전략에는 기본 경쟁전략, 경쟁우위 지속전략, 제품·서비스 통합전략을 살펴봅니다. 그리고 서비스 마케팅 믹스란 무엇인지 알아보고 STP전략에 대한 이해를 돕고자 합니다.

4부는 서비스 관련 산업의 수요와 공급관리 전략에 대해 살펴봅니다. 여기서는 우선 서비스 수요 특성은 무엇이고, 수요예측법에는 어떤 것들이 있는지를 알아봅니다. 서비스 공급관리 전략에서는 서비스 수요 및 공급관리 전략과 서비스 공급과 서비스 수요의 일치전략을 심도 있게 이해합니다.

5부는 서비스 프로세스 및 물리적 환경을 다루고 있습니다. 서비스 프로세스와 청사진을 통해 서비스 과정을 조감하면서 서비스 단계별 문제와 이슈 그리고 개선대책을 살펴볼 수 있는 여건을 마련합니다. 그리고 서비스업과 관련된 물리적 환경에는 어떤 요소가 있으며 이들 요소는 서비스 고객에게 어떤 영향을 미치고 있는지도 연구합니다.

6부는 품질평가관리, 인적관리, 가격관리, 촉진관리를 분석합니다. 고객의 서비스 품질에 대한 평가와 피드백은 글로벌 시장에서의 서비스 관리전략에서 필수적인 사항이 되고 있습니다. 여기서는 서비스 질에 대한 평가방법을 집중적으로 소개합니다. 서비스업은 서비스 제공자와 고객 간의 접촉이 이루어지는 산업이므로 효과적인 인적관리 이슈가 제기됩니다. 서비스 산업에서 가격은 수익성과 관련이 있기 때문에 가격관리가 매우 중요한 전략이 되고 있습니다. 경쟁시장에서 다양한 매체를 활용한 촉진관리는 서비스 산업의 성패를 좌우할 수 있는 핵심전략이 됩니다.

이 책은 각 부마다 3~5개의 주제로 구성하여 서비스 브랜드 마케팅에 대한 전반적인 내용을 그림과 표 위주로 알기 쉽게 소개하고 있습니다. 따라서 서비스 브랜드 마케팅을 공부하고자 하는 대학생 및 대학원생, 서비스 실무에 종사하는 CEO, 전문가, 직원, 행정가, 사업기획가, 예술가 등이 서비스 브랜드 마케팅 관련 내용을 이해하는데 많은 도움이 되었으면 합니다. 또한 이 책이 일반인들에게도 서비스 브랜드 마케팅이 무엇이고 어떻게 이해해야 하는지 알릴 수 있는 유익한 전문서가 되었으면 합니다.

이 책을 집필하는 데는 박영사의 안종만 회장님의 적극적인 격려가 커다란 원동력이 되었습니다. 바쁜 편집 일정 중에서도 시간을 내어 이 책의 원고를 가다듬고 편집해 주신 김선민 편집부장님과 편집자께도 감사드립니다. 끝으로 이 책의 기획에서부터 섭외 그리고 최종 편집단계까지 도움을 주신 박영사의 정병조씨에게 깊은 고마움을 전합니다.

2015년 6월
원제무 · 서은영

차 례
Contents

Service Brand Marketing

Part 2 서비스 브랜드의 개념과 유형

Part 3 서비스 산업의 경쟁전략

Part 4 서비스 관련 산업의 수요와 공급관리 전략

서비스 프로세스와 물리적 환경

전환시대의 서비스 산업과
서비스의 현주소

제 1 장

대전환의 시대가 오고 있다

왜 전환의 시대가 오는가?

(1) 글로벌 경제와 내셔널리즘

- 포스트모더니즘 사회의 도래, 경제자유화글로벌화, ICT라는 패러다임이 등장하고 있다.
- 저성장 경제체계로 인해 침체에 빠져들어 가고, 경제주체들의 투자 마인드 상실 등 자신감을 잃어버리고 있다.
- 세계 각국의 정치사회적 이슈와 섞이면서 세계경제가 복잡한 양상을 띄고 있다.
- 한국경제의 고성장을 견인했던 성장 모델이 효력을 다했다.
- 선진국의 출구전략으로 금융시장의 변동성이 확대될 것으로 예상된다.
- 신흥국의 경기침체로 우리나라의 수출회복이 더디게 나타날 것으로 예상된다.
- 저성장과 양극화가 선진국과 신흥국에서 모두 일어나고 있다.
- 인구고령화, 기술혁신의 투자 미흡과 고용창출이 부진하다.
- 중산층의 몰락과 선진국의 소득분배가 악화되고 있다.
- 사회적, 종교적, 문화적 토양에서 배태된 사회적 불만과 정치적 불안이 각국의 민족주의를 고양시키고 있다.
- 각국의 민족주의와 이해관계가 무역규제와 환율경쟁을 일으키고 있다.

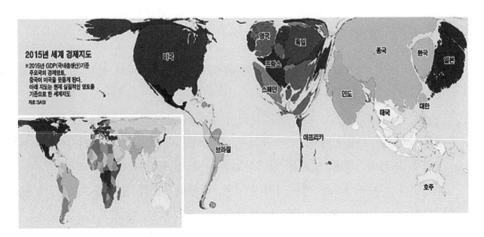

▲ SASI

▲ 2015년 세계 경제지도에서 한국은 세계에서 일곱 번째 큰 나라(GDP 약 1조 9,00억 달러, 세계 7위)로 그려졌다.

(단위: %)

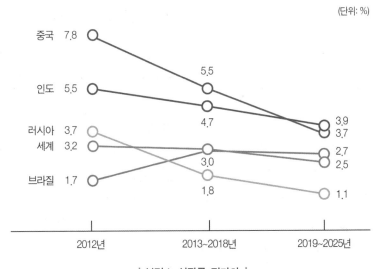

| 브릭스 성장률 전망치 |

▲ 중국 등 신흥국 경제가 급격히 추락하면서 세계 경제성장률이 2019년 이후 25% 떨어질 것이라는 전망이다.

▲ 콘퍼런스 보드

(2) ICT 기술의 발전

- ICT의 비약적인 발전은 ICT 산업의 탄생과 발전을 가져와 선진국의 경제의 신 동력이 되어 왔다.
- 금융은 ICT와 융복합화가 진행되면서 금융의 세계화를 촉진시킨다.
- 3D 프린팅, 사물인터넷, 전기자동차, 무인자동차, 지능형 로봇의 등장은 제조업과 서비스업을 새로운 창조산업의 견인차 역할을 해주고 있다.
- 셰일가스라는 새로운 에너지원의 발굴, 태양광기술의 진전 등으로 세계 에너지시장의 지각변동이 일어나고 있다.
- ICT의 눈부신 발전은 기존의 철강, 석유화학, 전기전자설비 및 제조, 조선 등의 경쟁력을 약화시킨다. 이들 분야의 제품가격은 떨어지고, 기업 수익성이 내려가고, 투자가 줄어들고 있다.

(3) 금융위기로 인한 경기침체

- 세계 경제구조가 격동할 것으로 보이는 향후 10년은 우리에게 결정적인 시기가 될 것이다.
- 향후 10년이 우리 기업이 아시아 각국에 뿌리를 내리고 아시아 커뮤니티의 일원이 되는지 여부를 판단하는 시기가 될 것이다.
- 지난 30년간 ICT정보통신기술의 눈부신 발전은 신산업을 태동시키고 있다.
- ICT와 융복합된 금융의 글로벌화가 이루어지고 있다.
- 세계경제는 금융위기 이후 장기적인 저성장, 소득격차의 확대, 고용의 악화 등 장기침체의 터널에 머물러 있다.
- 장기침체 원인은 기술혁신의 저조, 제조업의 공급과잉과 그로 인한 가격하락, 중산층의 몰락, 소득분배 악화 등이다.
- 우리나라는 지난 30년간의 경제성장으로 인해 선진국에 들어섰다.

• 한국이 글로벌화, ICT화라는 흐름을 타면서 발전하고 있다. 그러나 최근의 한국경제도 침체기에 접어들어 디플레이션 조짐을 보이고 있다.

1.2 왜 장기불황인가?

(1) 글로벌 장기침체

- 세계경제는 침체의 늪으로 깊이 빠져 들어가고 있다.
- 저성장, 저투자, 저소득, 저물가로 대변되는 디플레 시대이다.
- 미국, 유럽에서는 양적 완화 등으로 푼돈을 회수하자는 출구전략 논의가 진행 중이다.
- 돈을 시중에 풀어도 유동성이 살아나지 않는다.
- 선진국에서는 디레버리징deleveraging: 부동산 버블이 만든 과잉부채가 정상적으로 돌아와 축소되는 과정을 실시하고 있다. 그동안 담보대출을 상환하지 못한 주택들을 은행이 차압해서 정리했다. 그럼에도 경기침체는 여전하다.
- 신흥국들의 경제성장으로 제조업의 공급이 확대되고 있다. 공급확대는 경쟁을 유발시키고, 제품의 가격을 떨어지게 하는 요인이 되고 있다.
- 수요는 장기간의 걸친 경기침체로 인해 얼어붙었다.

BRICS BANK

(2) 경직된 노동시장

* 금융위기 이후 기업들이 로봇을 직원으로 채용하는 사례가 늘고 있다.
* 경제학자들은 기술혁신으로 사라지는 일자리도 있지만 그 보다 더 많은 일 자리가 생겨난다고 하고, 아무리 기술이 발전하더라도 기계가 하는 일에는 한계가 있다.
* 이런 믿음에 반대되는 현상이 무인자동차에서 나타났다. 구글 스트리트 뷰 를 이용한 방대한 데이터 수집, 차량에 장착한 빛 감지기가 교통법규, 도로 위치, 경로, 주변물체까지 고려하고 의사결정을 내림으로써 무인주행의 가 능성을 연 것이다.
* IBM의 인공지능 컴퓨터 왓슨은 퀴즈 쇼에 출연하여 역사상 최고성적을 거 둔 2명과 경쟁하여 압도적인 차이로 승리하였다.

▲ 구글

▲ IBM

▲ 로봇이 기자의 업무를 대체

- 로봇기자의 등장이다. LA 타임스는 로봇이 고정코너에 지진보도 기사를 쓰고 있다. 포브스도 퀼Quill이라는 로봇이 경제기사를 제작한다. 포브스의 경우 로봇이 전체기사의 15%를 쓰고 있다.
- 한국은 노동시장의 유연화가 미흡하여 산업에 생기가 없고, 투자가 안 되며, 일자리가 생기지 않는다.
- 한국은 정규직의 과다보호와 높은 임금이 비정규직 대책에 걸림돌로 작용하고 있다. 비정규직을 정규직으로 전환하면 기업은 고용의 탄력성을 잃어 고용을 축소하는 악순환이 벌어진다.
- 우리나라는 강성노조가 대기업의 임금을 좌지우지하고 있다.

(3) 고령화

- 65세 이상의 인구가 전체인구의 7% 이상이 되면 고령사회이고, 14%가 되면 초고령 사회라고 정의한다.
- 한국은 2000년 고령사회로 진입하였고, 2018년 초고령 사회로 들어갈 예정이다.

▲ 고령화 사회의 단면

• 고령화는 제품이나 서비스의 수요를 위축시킨다.
• 베이비부머들이 은퇴하면서 소비활력을 지닌 연령층이 줄어들고 있다.
• 2013년 한국의 합계출산율여성 한 명이 평생 나을 수 있는 자녀 수는 1.19명에 불과
  하다.
• 인구가 현재 수준을 유지하려면 부부가 2명은 출산을 해야 한다.
• 옥스포드대 제이비드 콜먼 교수는 한국을 지구에서 소멸될 첫 번째 나라로
  예측하고 있다.
• 은퇴자가 대부분인 고령인구는 연금과 자산소득 일부에 생활을 의존하기
  때문에 가급적 소비를 줄여 가계수지를 맞추려 한다.
• 해리 덴트는 2011년까지 미국 연준의 양적 완화 정책이 실효를 거두지 못한
  이유로 인구구조의 변화와 그동안 형성된 버블의 규모와 부채감축 때문이
  라고 한다.

• 베이비부머의 은퇴, 고령화, 그리고 자산버블은 디플레이션을 장기화시키는 요인이 되고 있다.

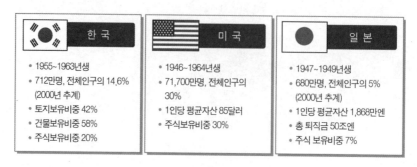

한국	미국	일본
• 1955~1963년생 • 712만명, 전체인구의 14.6% (2000년 추계) • 토지보유비중 42% • 건물보유비중 58% • 주식보유비중 20%	• 1946~1964년생 • 71,700만명, 전체인구의 30% • 1인당 평균자산 85달러 • 주식보유비중 30%	• 1947~1949년생 • 680만명, 전체인구의 5% (2000년 추계) • 1인당 평균자산 1,868만엔 • 총 퇴직금 50조엔 • 주식 보유비중 7%

| 한·미·일 베이비붐 세대 비교 |
▲ 현대경제연구원

(4) 규제에 묶인 서비스 산업

• 미래 경제성장의 원동력은 서비스 산업에서 나온다.
• 앞으로 일자리는 주로 서비스 산업에서 창출된다.
• 의료서비스, 관광서비스, 금융서비스, 교육서비스, 컨설팅서비스, 오락과 게 임서비스 산업이 우리 경제를 먹여 살릴 것이다.

- 금융업은 지배구조가 탄탄하지 못하고, 정부의 과점이라는 보호막 속에서 글로벌 경쟁력을 상실한지 오래 되었다.
- 정부의 간섭과 규제가 창의적이고, 효율적인 금융서비스 제공을 막고 있다.
- 정부 방임으로 강성노조가 만들어졌고, 이에 따라 고임금, 저효율의 금융시스템이 탄생되었다.

• 금융이 국민경제를 위한 자원배분의 역할을 못하고 있다.
• 비영리 의료법인은 실제로 영리법인이나 가족법인처럼 운영되면서 남이 하려고 하는 영리법인의 진입을 봉쇄하고 있다. 의료산업발전과 국민건강 증진에 걸림돌이 되고 있다.
• 모든 서비스 산업의 규제완화를 도입한다면 우리나라 서비스 산업의 혁신성과 효율성이 크게 늘어나 글로벌 경쟁력을 강화시킬 수 있다.

01. 한국경제의 고성장을 견인했던 산업은 어떤 산업인지 음미해보자.

02. 선진국에서의 경기침체가 어느 정도인지 수치를 분석하여 제시해보자.

03. ICT의 눈부신 발전이 서비스 산업에 주는 시사점은 무엇인가?

04. 글로벌 경기침체 현상이 서비스 산업에 미치는 영향을 고민해보자.

05. ICT가 우리나라 금융서비스 산업에 주는 시사점이란 무엇일까?

06. 서비스업이 새로운 창조사업이라는 의미는 무엇일까?

07. 한국경제가 침체기에 접어들고 디플레이션 조짐을 보이고 있다고 한다. 이런 현상이 국내 서비스 산업에 미치는 영향은 어떤 것이 있을까?

08. 우리의 서비스 산업 활성화를 위한 전략을 외국의 서비스 산업으로부터 시사점을 찾아보자.

09. 미국과 유로 존의 양적 완화가 우리의 산업구조에 미치는 영향에 대하여 고민해보자.

10. 선진국의 디레버리징(deleveraging)이란 무엇이며, 우리나라에도 디레버리징 현상이 일어나는지 고찰해보자.

11. 신흥국의 제조업 공급이 확대되면 우리나라 산업에는 어떤 영향을 미치게 되나?

12. 로봇이 서비스 산업에의 어느 분야에 어떻게 활용되는지를 논해보자.

13. 고령화가 서비스 산업에 영향을 미치는 요인은 무엇인지 생각해보자.

14. 서비스 산업의 규제를 서비스 산업별로 고찰해보자.

제 2 장
서비스 산업의 이슈와 대책

2.1 경제·규제·서비스 산업의 현주소

- 저성장을 극복하려면 양적 완화의 처방보다 규제완화가 우선이다.
- 외환위기 이후 많은 변화가 있었지만, 우리나라는 아직도 규제와 관료주의가 심하여 창의적이고, 생산성을 높일 수 있는 기업들을 적극적으로 지원해야 한다.
- 중장기적으로 성장 잠재력을 키워야 한다.
- 소비를 억누르고 있는 가계부채와 취약계층을 위한 실효성 있는 대책이 필요하다.
- 기업 투자에 걸림돌이 되는 규제를 완화해야 한다.
- 좋은 일자리를 만들어 내는 일에 총력을 기울여야 한다.
- 서비스 산업을 옥죄고 있는 규제도 개혁되어야 한다.
- 복합 리조트 등을 개발하여 MICE 산업 서비스가 제대로 자리를 잡도록 해야 한다.

주요 복합리조트 개발 지원 내용

송산그린시티(경기도 화성)
국제 테마파크 조성 재추진
투자 기대효과 : 235.5천억원

	리조트	투자규모	당면 애로사항
❶	LOCZ 프로젝트 (2018년 개장)	0.7조원(1단계) 1.5조원(2단계)	진입 IC 개설, 영종역사 신설('14.12월) 등 인프라 지원
❷	파라다이스 (2017년 개장)	1.9조원	실시계획 승인, 경관심의 고도제한 등 인허가절차 신속 지원
❸	드림아일랜드 (2020년 개장)	0.4조원(1단계) 1.6조원(2단계)	사업계획/실시계획 승인, 진입도로 등 인프라 지원
❹	신화역사공원 (2017년 개장)	2.6조원	건축인허가 등 신속 지원

▲ 기획재정부

■ 의료서비스 분야 산업화 추진 유명분야

유명부문	세부 유망분야	총계 (비중·100기준)
원격의료	원격영상진단, 검진결과 공유 등	24.1
정보화	개인의료정보 데이터베이스화, 병원·약국 간 시스템 통합, 병원 간 환자정부 공유 등	11.1
노화·재활치료	노인 및 장애인의 재활치료, 모니터링	9.9
예방의학	예방의학, 환자대상교육, 보건교육 등	9.9
재생치료	줄기세포치료, 인공장기, 이식기술 등	9.6
최소침습수술	로봇수술, 내시경수술, 복강경수술	9.3
맞춤형 진단	암 조기진단, 3차원 영상진단 등	6.2
해외연계	해외환자유치, 의료관광연계, 임상시험유치	6.2
뇌·정신질환치료	뇌질환 치료, 정신질환 치료, 심리치료	5.9
기타	의공학, 심상수술, 표준의료지침	8

▲ 삼성경제연구소

- 영리 병원의 운영이 가능하도록 의료산업의 기업 진출을 허용해야 한다.
- 부동산 시장에서 분양가 상한제 폐지, 다주택자 보유의 양도세 완화는 부동산 살리기에 크게 기여하게 되어 경제 활성화의 원동력이 된다.
- 기업이 적정하게 투자하고, 가계도 소비에 적극적으로 참여하여 정부도 인프레이션 관리로 경기침체를 막고, 세금을 걷어서 주어진 경제여건에서 최선을 다하는 정책을 실천해야 한다.
- 국회의 기업 규제관련 입법 조치가 나옴에 따라서 기업의 투자 마인드가 줄어들고 있다.
- 정부는 규제완화, 투자 활성화 전략 패키지로 기업을 살려야 한다.
- 미·유럽의 제도금리의 막대한 통화 공급은 세계 금융시장을 혼란에 빠트리고 있다.

- 정부는 외환보유고가 3,300억 달러에 달하고 경상흑자가 지속되고 있다고 하지만, 글로벌 금융시장에 위기가 오면 우리나라도 위기에 처하는 것은 불 보듯 뻔하다.
- 현재 금융 서비스 산업은 매우 힘든 상황이다.
- 은행·보험업 등은 저금리 시대를 맞아 수익이 지속적으로 줄고 있어 영업 점지점을 줄이는 움직임이 일어나고 있다.

- 경제활력을 되찾기 위해서는 정책목표 실현을 위한 표적집단인 3040세대에 맞추어야 한다.
- 공공 임대주택과 민영 임대주택 공급을 늘려 이들의 주거비용 부담을 덜어 주어야 한다.
- 공교육서비스에 대한 투자확대와 교육서비스의 질 개선으로 사교육 비용부 담을 완화시켜 주어야 한다.
- 3040세대의 소비가 일어나 내수 경기를 살찌우게 된다.
- 우리나라는 고임금에 대비한 새로운 성장 엔진을 창조해야 한다.
- 고임금의 부가가치를 늘이려면 글로벌 시장에서 경쟁력을 확보할 수 있는 독자적은 ICT 산업은 고부가가치 지식산업이다.
- 금융, 의료, 관광, 교육 등 ICT 기술과 감성이 융합된 고부가가치 서비스 산 업만이 미래의 우리 경제를 견인할 수 있는 산업이다.

• 이러한 서비스 산업을 활성화 하려면 연구개발 투자, 벤처기술 비즈니스 파
크 등의 인프라 구축이 진행되어야 하며, 연구개발에 정부의 예산도 추가로
배분되어야 한다.

▲ 기획재정부   ▲ 한국디자인진흥원

• 창의적 연구개발을 주도할 수 있는 창조계급Creative Class의 유치와 창조계
급이 양성되어야 한다.
• 이제 한국경제는 선택의 순간을 맞고 있기에 제조업이 버텨주고 있을 때 고
급 서비스 경쟁력을 키워야 한다.
• 한국의 요금구조, 인력수급, 교육수준, 문화와 내수 등을 고려하면 의료·교

육·관광·금융 등 서비스 분야는 양보할 수 없는 분야이다.

• 매킨지 보고서에서는 금융의 GDP국내총생산 기여분을 1%만 높이면 110억 달러의 부가가치와 16만개의 일자리 창출된다.

• 싱가포르의 마리나베이샌즈와 같은 카지노 서비스 산업을 운영하면 30만개의 일자리가 창출된다.

• 의료·교육·관광에서 반 외자 정서와 각종 규제 때문에 외국인 고객을 제대로 수용하지 못해 잃어버린 기회비용을 고민해 봐야 한다.

▲ 마리나베이샌즈

■ 외국인 전용 카지노 기대효과

기대효과	내용
시장선정	대규모 복합리조트 개발료 글로벌 관광산업 경쟁력 확보
고용창출	직접고용 3만명, 간접고용 5.7만명, 건설포함 14.3만명
관광수지 개선	2018년 관광수입 4.3조원, 2024년 7.4조원 예상
GDP에 기여	2018년 GDP 약 0.1%, 관광부문 GDP 0.75% 상승 기대
재정효과	2018년 법인세 등 2,160억원, 2024년 이후 연 8,000억원
관광인프라 확정	외국 관광객 연평균 13% 증가 예상

▲ 지식경제부, 산업연구원.

2.2 서비스 산업의 경쟁력 강화전략

- 서비스 산업은 더 이상 내수 산업이 아니다.
- 전 세계의 서비스 산업 시장에 참여하여 서비스 산업의 글로벌 경쟁력을 키워야 한다.
- 콘텐츠 산업과 소프트웨어 산업을 발전시키면 다양한 콘텐츠, 소프트웨어 서비스가 탄생된다.
- 우리나라 스마트폰 앱이 세계 앱 시장에서 인기몰이를 하면 이런 혁신이 한국 스마트폰 수요를 더욱 부채질 할 것이다.
- 서비스 산업 장려정책은 소도매·음식·숙박 등과 같은 전통적인 부분에만 국한되면 안 된다.
- 고부가가치서비스 산업에 새로운 경쟁력을 확보하는 방향으로 정책적 뒷받침을 해야 한다.

■ 정부의 서비스업 경쟁력강화 방안

보건·의료	• 의료법인 자회사 설립 지원 • 투자 개방형 외국병원 유치 • 의과대학 산하 기술 지주회사 설립
관광·콘텐츠	• 복합리조트 설립 원스톱 지원 • 경기도 화성에 국제 테마파크 유치 • 설악산 등에 친환경 케이블카 설치
교육	• 패션·호텔경영·음악 등 외국 유명 교육기관 유치 • 요리학원·댄스학원 등에 유학생 유치
금융	• 기술평가 중심의 금융 지원 • 유망 서비스 산업 지원 펀드 조성
물류	• 물류 단지 공급 확대 • 인천공항 직행·화물 KTX 도입
소프트웨어	• 중소기업·농수산물 전용 TV 홈쇼핑 채널 추가 신설 • 소프트웨어 기업 해외 진출 지원

2.3 정부의 서비스 산업 육성 방안

(1) 의료서비스 산업 육성 방안

- 경제자유구역 내 투자 개방형영리법원 외국 병원 설립규제 완화
- 2017년까지 해외 환자 150만명연간 유치
- 국제의료사업특별법에서 국내 의료기관의 해외 진출 지원
- 의사협회는 경제자유구역이라도 내국인 진료 가능하다며 해외 거대 자본이 국내 보건의료 시장을 잠식 우려

■ 보건·의료 활성화 대책

주요대책	세부내용
의료법인 자 법인 설립	4개의 자 법인 설립 지원
투자 개방형 외국 병원 도입	–
해외 환자 유치 및 의료기관의 해외 진출	(가칭) 국제의료특별법 제정
	해외 환자 급증 지역비자 완화 추진
	의료기관 해외 환자 유치·해외 진출 시 중소기업에 준하는 지원
의료정보 보호·활용 법적 기반	환자 동의 하에 의료기관 간 정보 교류·활용 법적 체계 마련

(2) 관광서비스 대책

• 한강 개발 프로젝트로서 한강 주변을 친환경적으로 개발
  → 관광·휴양의 명소로서 파리의 센강, 런던의 템즈강 주변의 워터프론트 조성
• 카지노가 포함된 복합리조트 개발 허용, 정부가 운영하는 GKL 카지노 자동차 3만대 이상의 외국 판매와 맞먹는 경제효과

■ 관광·콘텐츠 활성화 대책

주요대책	세부내용
복합리조트 설립 자원	영종도 LOCZ 프로젝트·파라다이스·드림아일랜드 등
국제 테마파크 유치	공모 방식 도입해 수자원공사, 송산 그린시티(화성) 용지 활용한 테마파크 재추진
산지 관광 활성화	설악산, 남산 등 친환경 케이블카 설치
	산지 관광 특구 도입해 휴양형 호텔 등 조성
한강 관광 활성화	2015년 상반기 중 한강 주변 지역 관광자원화 마스터플랜 수립
무역센터 일대 한류 중심화	무역센터 일대 관광 특구로 지정 추진

(3) 교육서비스 산업 대책

• 패션, 호텔경영, 음악 등의 외국 대학 국내 진출 희망 대학에 대해 혜택
• 세계적 수준 외국 대학 유치: 지원금을 5년간 400억원으로 현재보다 5배 증가
• 인천 경제자유구역에는 뉴욕주립대, 조지 메이슨 대학교가 개교했으나 아직은 걸음마 단계

▲ 한국뉴욕주립대학교

■ 교육서비스 산업 활성화 대책

주요대책	세부내용
글로벌 외국교육기관 유치	2017년까지 패션, 호텔경영, 음악 등 특화 외국교육기관 3곳 유치 예정
	외국 대학 국내 자 법인 또는 합작법인 허용
외국 유학생 유치 확대	우수 민간 교육·훈련기관 해외유학생용 비자 발급 허용
대학 기술 지주회사 활성화	기술 지주회사 의무 출자비용(20%) 완화
	기술 개발 교수 기술 지주회사 자회사 스톡옵션 취득 허용

(4) 물류서비스 산업 대책

- 주요 거점 고속도로 활용하여 물류 시설 확충
- 지역 경제 활성화를 목표로 각 지역 수요를 반영한 물류 단지 조성
- KTX 선로망을 이용하여 인천공항까지 운행 가능한 KTX 화물열차 도입

■ 물류·서비스 산업 활성화 대책

주요대책	세부내용
물류단지 공급 확대	경기·전북 등 실수요 지역 중심 물류단지 추가 지정
인천공항 물류허브 기능 강화	해외법인 등 국내법인 인천공항 자유무역지역 내 반입 물품 부가세 영세율 적용
	2020년 인천공항까지 운행 가능한 KTX 화물열차 개통 예정
택배산업 선진화	택배 차량 1만 2,000대 증차

(5) 소프트웨어 서비스 산업 대책

- 소프트웨어S/W 산업을 적극 육성해 해외 진출 지원
- 글로벌 경쟁력 갖춘 S/W 기업 50곳 선정
- 소프트웨어 클러스터를 조성해 지역 산업과 S/W 융합을 촉진
- 사물 인터넷IoT, 빅데이터 시대 지원으로 무제한 인터넷 주소체계IPv6 도입 추진

■ 소프트웨어 서비스 산업 활성화 대책

주요대책	세부내용
소프트웨어 융합 클러스터	S/W 융합 클러스터 추가 조성
TV홈쇼핑 채널 신설	중소기업 제품, 농수산물 전용 공영 TV홈쇼핑 채널 신설

2.4 금융서비스 산업관련 이슈와 대책

(1) 금융서비스 산업관련 이슈

- 정권이 바뀔 때 마다 금융서비스의 허브Hub국가가 되겠다고 발표를 하였으나 지금까지 실질적으로 이루어진 것이 없다.
- 오늘날 세계 13위의 경제대국이 되었지만, 금융서비스 산업은 글로벌 시장에서 현재 두각을 나타내지 못하고 있다.
- 아직도 우리는 금융서비스업을 독립적인 서비스 산업으로 간주하지 않는 경향이 있다.
- 금융서비스업을 경제성장을 위한 국내 산업에 투자하기 위해 활용되는 수단으로만 여긴다.
- 금융업은 글로벌 시장으로 나아가기 보다는 국내 시장에 안주하며 내실을 챙기자는 방향으로 가고 있다.
- 금융 CEO들에게는 규제를 따르고, 리스크를 최소화하면 손해는 보지 않는다는 안일한 사고가 팽배해 있다.
- 우리 금융서비스 산업의 글로벌 금융시장에 대한 트랜드를 제대로 읽지 못하고, 투자 경험이 없기 때문에 글로벌 시장에서 투자 성공률은 높지 않아 보인다.
- 과거 투자실적이 없기 때문에 글로벌 금융시장에 대한 데이터가 없고, 트랜

드 파악이 안 됨에 따른 투자 리스크가 큰 것이 사실이다.
- 우선 글로벌 금융 트랜드를 분석하고 모니터링 할 수 있는 글로벌 네트워크 를 구축해야 한다.
- 세계적인 은행들과의 제휴나 국내 은행의 해외 지사를 통해 이루어질 수 있다.
- 금융산업 전문가를 적극적으로 유치해서 활용해야 한다.
- 은행은 물론 보험·증권 등의 모든 금융업체가 저금리 시대를 맞아 힘든 상황이다.
- 2014년 대형 은행들은 총자산이익률이 글로벌 금융위기 이전 수준의 절반에도 미치지 못했다.
- 자산을 장기로 운영하는 보험사들은 저금리의 악순환으로 인해 글로벌 금융위기가 왔을 때 고금리 저축성 보험을 경쟁적으로 판매했던 생명보험사 등은 저금리 수입으로 고금리 보험을 갚아 주어야 하는 딜레마에 빠지게 되었다.
- 증권사들도 주가가 다시 뛰기 시작했으나 주식거래량과 거래대금이 급격히 감소하면서 힘들어 하고 있다.
- 금융서비스 전문가는 금융마케팅 분야의 일을 제대로 대응할 수 없다.
- 금융산업의 전문영역별로 전문가를 선발해야 한다.
- 요즘 새롭게 부각되는 펀드 등의 금융상품들을 고도의 전문지식을 요하는 상품들이기 때문에 이 분야의 전문가들을 별도로 고용하여, 상품을 개발하고 투자자를 유치해야 한다.
- 우리는 현재 저성장·저금리 시대에 살고 있다. 저금리가 지속되자 순이자로 인한 수입이 줄어들면서 수익성이 크게 떨어지고 있다.
- 금융기업 구조조정에 따른 충당금 적립도 수익을 감소시킨 요인이 되었다.

(2) 금융서비스 산업의 대책은?

• 정부는 저성장·저금리 시대를 대비하여 대책을 제시하고 있다.
• 기존의 자산구조 및 수익구조, 영업방식이 바뀌지 않는다면 금융권 전체가
  무너질 것이라는 게 핵심이다.
• 정부는 다음과 같은 4가지 대책을 제시하고 있다.
  → 수익구조를 다변화해 이자수입의 의존도 저감
  → 새로운 환경과 수요에 맞는 금융서비스 상품의 개발
  → 핵심 금융서비스의 경쟁력을 확보
  → 금융산업의 해외 진출을 적극적으로 도모

2.5 서비스산업발전 기본법

(1) 서비스산업발전 기본법이란?

- 서비스산업발전 기본법은 서비스 산업 활성화 전략으로 정부가 마련한 방안이다.
- 서비스 산업 정책목표와 기본 방향을 5년마다 수립하고, 연도별로 점검하면서 서비스 산업 발전을 지원하는 내용을 담고 있다.
- 한국경제연구원은 이 법이 국회에서 통과되면 의료·교육·관광·콘텐츠 분야에서 일자리가 35만개 이상 늘어날 것이라고 전망하고 있다.
- 이 법이 국회에서 통과되면 영리 병원의 상업화가 될 것이라는 논리에 부딪혀 국회에서는 논의가 어려운 게 현실이다.

(2) 서비스산업발전 기본법의 현주소

- 국제통화기금IMF은 2014년 발표한 "한국경제 연례 보고서"에서 서비스 산업을 개혁하지 않고, 노동 참여비율을 높이지 못하면 한국 잠재성장률은 2%대로 추락할 것이라고 경고하고 있다.
- 미국, 일본, 프랑스, 등은 국내총생산GDP에서 서비스 산업 비중이 70%를 웃도는데 우리는 60% 이하의 서비스 산업으로 매년 100억 달러 이상 적자를 보고 있다.
- 의료·교육·관광·금융·소프트웨어의 5대 서비스 산업 부가가치·경쟁력이 규제에 묶여 있다.
- 2012년 이후 서비스산업발전 기본법 제정 안이 국회에 상정되어 있다.
- 2015년 현재 아직 이렇다 할 진척이 없는 상태이다.

2.6	서비스 품질지수를 통한 서비스업 평가사례

- 한국표준협회의 한국 서비스 품질지수KS-SQI에서는 매년 서비스 품질 평가 모델을 발표한다.
- 국내 서비스 기업의 제품·서비스를 이용한 고객의 서비스 품질에 대한 만족도를 나타내는 종합지표이다.

■ 2014 KS-SQI 연속 1위 기업 및 기관

업종명	기관(관)명	연속 1위
테마파크	에버랜드	15년
이동통신	SK텔레콤	
컴퓨터A/S	삼성전자서비스	13년
자동차보험	삼성화재	12년
생명보험	삼성생명	11년
자동차A/S	기아자동차	
휴대전화A/S	삼성전자서비스	10년
고속버스	금호고속	8년
택배	우체국택배	7년
공연장	LG아트센터	
⋮	⋮	⋮

업종명	기관(관)명	연속 1위
초고속인터넷	KT	
제주렌트카	KT금호렌터카	
가정용보일러A/S	경동나비엔	
사이버대학교	경희사이버대학교	
광역시청	대구광역시	
시설관리	대구시설관리공단	1년
전자제품전문점	디지털프라자	
여행사	레드캡투어	
씨푸드레스토랑	보노보노	
구인구직사이트	사람인	
⋮	⋮	⋮

- 2014년 서비스 산업 65개 업종과 행정서비스 7개 분야와 72개 부문 총 299개의 기업 및 기관의 서비스·제품을 대상으로 진행한다.
- 이번 조사에서 15년 연속 서비스 품질지수 1위를 차지한 SK텔레콤·에버랜드와 13년 연속 1위 삼성화재·삼성전자서비스 등이 평가되었다.
- 산업별로는 보건·건설 서비스, 공공행정 서비스, 운수 서비스. 숙박·음식 서비스 산업 순으로 높게 나타났고, 통신·문화·금융·도소매 서비스 등이 상대적으로 낮게 평가되었다.

▲ SK텔레콤

EVERLAND
RESORT

▲ 에버랜드

▲ 삼성

01. '저성장을 극복하려면 양적 완화보다 규제완화가 우선이다'라는 말의 의미를 생각해보자.

02. 규제와 관료주의가 심하면 서비스 산업에 어떤 영향을 미칠까?

03. 우리나라 서비스 산업을 옥죄고 있는 규제는 어떤 것들인가?

04. MICE산업서비스가 제대로 자리를 잡으려면 어떤 규제를 어떻게 풀어야 할까?

05. '영리 병원의 운영이 가능하도록 의료산업에 기업 진출을 허용하라'는 주장의 설득력을 논해보자.

06. 국내 금융서비스 산업은 왜 힘든 상황에 처해있나?

07. 교육서비스의 질 개선만큼 힘든 정책과제도 없다. 왜 그럴까?

08. 왜 금융, 의료, 관광, 교육 등 ICT기술과 융합된 서비스 산업만이 우리 경제를 살리고 일자리를 창출할 수 있는지 고민해보자.

09. 서비스 산업 활성화를 위한 대책을 분야별로 설정해보자.

10. 서비스 산업의 글로벌 경쟁력을 확보하기 위해 창조계급을 유치해야 한다고 한다. 왜 그런지 살펴보자.

11. 한국에서는 왜 싱가포르의 마리나베이샌즈와 같은 카지노 산업이 활성화되지 않는가?

12. 서비스 산업 규제로 인해 잃어버린 기회비용이란 무엇인가?

13. 고부가가치서비스 산업의 경쟁력 강화 전략에는 어떤 것들이 있을까?

14. 우리나라 금융서비스 산업이 글로벌 시장에서 두각을 나타내지 못하는 이유는 무엇일까?

15. 글로벌 금융트랜드를 분석하고, 모니터링을 효과적으로 하지 못하는 배경은 무엇일까?

16. 은행, 보험, 증권 등의 금융서비스 업체가 저금리 시대를 맞아 힘든 상황에 처해 있다고 한다. 왜 그

런지 원인을 분석해보자.

17. 금융서비스 산업의 현재 처한 문제점과 정책적 이슈를 논하고, 대책을 논해보자.

18. 정부가 발표한 서비스 산업에 대한 종합적 대책을 살펴보자.

19. 관광서비스 산업 활성화의 걸림돌은 무엇인지 논해보자.

20. 교육서비스 분야 경쟁력 확보를 가로막는 요소는 무엇이고, 이를 극복하기 위한 대안은?

21. 물류서비스 분야의 고질적인 취약점은 무엇인가? 대책은 없는가?

22. 소프트웨어 서비스 산업의 활성화 방안에 대해 고민해보자.

23. 서비스 산업발전 기본법의 목표와 배경은 무엇인지 살펴보자.

24. 서비스 산업발전 기본법이 국회에서 오랫동안 통과되지 못하고 있는 이유를 따져보자.

25. 서비스 품질지수란 서비스의 어떤 측면을 어떻게 평가하는 지수인가?

제 3 장
서비스의 특성과 서비스 산업

3.1 서비스와 서비스 산업

(1) 서비스란?

- 서비스의 사전적 의미는 '서비스란 타인의 이익을 도모하기 위해 행하는 육체적 정신적 노무'라고 정의되어 있다.
- 서비스란 무형적 속성을 지니는 행동으로서 고객과 서비스 종업원, 또는 물리적 자원, 상품, 서비스공급자 간의 상호작용 속에서 발생된다.
- 농업, 어업, 축산업 그리고 제조업을 제외하고 모두가 서비스업이다Yoshinori Hara 2009.
- 서비스는 생산과 동시에 소비되면서 편의성, 적시성, 즐거움, 안락함 , 건강함 등으로 나타나 부가가치를 제공해 주는 모든 경제활동으로 정의된다.
- 서비스의 예로는 가전제품을 구매하면 부상으로 배달해 주고, 설치까지 해주거나 자동차회사들이 일정기간이나 정비 수리비 수준까지 무상보증 서비스를 제공해 주는 것 등이다.
- 즉, 서비스는 고객을 기쁘게 하고 기분 좋게 만드는 모든 것이라고 할 수 있다.
- 서비스란 기술집약형 산업, 지식집약형 산업, 그리고 노동집약형 산업을 포함한 다양한 분야의 경제활동으로 모아야 할 것이다.
- 은행 업무를 보는 것, 병원에 진료를 보러 가는 것, 관광지를 찾는 것, 보험

사 직원을 만나는 일, 음식점에 식사를 하러 가는 것, 학교에 수업을 받으러 가는 이 모든 일상생활이 서비스와 관련된다.

• 서비스 측면에서 살펴보면, 은행금융서비스, 의료서비스, 여행서비스, 보험서비스, 음식서비스, 교육서비스가 이에 해당된다.

• 전통적 제조업 기업들이 서비스 기업으로 전환되고 있다. SONY는 게임, 영화, 금융 등을 통해 서비스 부분을 크게 늘려가고 있다.

• 우리나라에서 GDP의 60.7%가 서비스업에서 발생된다2011, 정보통신산업진흥원.

(2) 글로벌 서비스 시대를 알리는 징후

• 세계경제의 중심이 제조업에서 서비스업으로 전환하고 있다.

• OECD 국가경제에서 서비스 산업이 차지하는 비중이 약 70%를 넘고 있다.

• 경제와 일자리에서 서비스 부문의 기여도가 지배적으로 나타나고 있다.

• 상품과 서비스가 종전보다 시장의 변화되는 니즈needs를 반영하고 있다.

• 상품과 서비스의 무형적intangible 요소가 중요한 시기에 접어들고 있다.

• 서비스 중심의 새로운 산업들이 등장하고 있다.

• 서비스 산업은 인구통계적 변화와 밀접한 관계를 지니고 있다.

• 서비스 산업은 ICTinformation, communication and technology의 눈부신 발전에 힘입어 성장해 왔다.

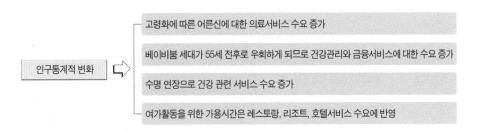

(3) 새로운 서비스 산업 등장

- 새로운 서비스 산업은 주로 지식서비스 산업 중심으로 일어날 전망이다.
- 새로운 서비스 산업은 주로 ICT, 컴퓨터, 엔지니어링, 건축, 광고, 시설유지, 보안, 재산권, 감정, 환경 정화, 조경 등의 분야가 이끌어 갈 것으로 보여진다.

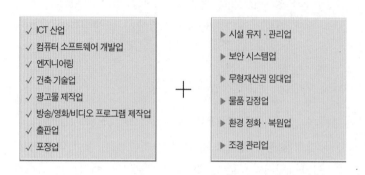

(4) ICT(정보통신기술)발전이 서비스 산업에 주는 영향

- ICT 분야의 기술발전은 서비스 산업을 획기적으로 변화시킬 뿐 아니라 새로운 서비스 산업 분야를 탄생시키는 원동력이 되기도 한다.
- ICT 기술의 발전은 SNS, E-Shopping, U-Health, U-City 서비스 등의 분야에 대해 새로운 수요를 유발하게 된다.

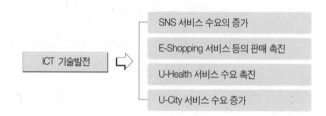

3.2   상품과 서비스의 차이

(1) 상품과 서비스의 차이

- 전통적으로 서비스 마케팅은 상품 마케팅과 커다란 차이가 없다는 논리가 지배적이었다.
- 서비스와 마케팅에 대한 지식이 축적되면서 서비스 마케팅이 상품 마케팅과 차별화되는 4가지 특성은 무형성, 비분리성, 이질성, 소멸성으로 나타났다.

1) 무형성(intangibility)

- 서비스는 추상적이며 눈에 보이지도 않고, 손으로 만질 수도 없다.
- 서비스를 제공받기 전에는 그 실체를 알 수가 없다.
- 서비스의 가치를 판단하기가 어렵다.
- 서비스는 대상objects이라기보다 서비스라는 행위에 따르는 성과performance이기 때문에 무형의 속성을 지닌다.
- 서비스의 만질 수 없는 무형적이기 때문에 서비스에 대한 고객소비자의 체험은 주관적일 수밖에 없다.

① 서비스 재고량(Service Inventory)의 부재

- 무형성 때문에 서비스 산업에는 재고가 생기지 않는다. 오전용으로 예매되지 않은 극장의 좌석이 저녁용 공연의 좌석으로 판매되지 않는다.
- 의사의 의료검진 서비스는 추후에 더 이상 활용이 되지 않는다.

② 서비스 특성 보호의 불가

- 서비스의 특성 때문에 서비스의 특성이 보호되지 못한다.
- 서비스의 스타일이나 유형을 지적재산권처럼 보호받을 수 없다.

③ 디스플레이와 소통의 어려움

- 고객이 '서비스를 보지 못하는데 어떻게 서비스를 마케팅 할 수 있는가?'
- 보험서비스 가입에 대한 혜택은 미래의 어느 시점이 도달하기까지에는 알 수가 없다. 서비스업은 고객에게 서비스에 대한 편익을 디스플레이 할 수 없기 때문에 마케팅에서 한계를 지닌다.

④ 가격설정의 어려움

- 유형의 상품들은 생산가에 적정 이익을 붙여 가격을 정하지만, 무형의 서비스를 가격으로 환산하는 데는 어려움이 따른다.

▲ 대한항공

- 무형의 서비스는 주로 노동labor인데 노동에 대한 수고를 가격으로 산정하기가 힘들다는 뜻이다.

① 유형적 요소의 활용
- 서비스는 상품이나 물건이 대상이 아니므로 소비자들은 해당 서비스와 관련된 물리적 요소와 연관시켜 서비스를 평가하려 한다. 소비자들은 부동산 소개업소의 내부 인테리어, 은행직원의 외모 등 간접적인 요소에 의해 해당 서비스의 질을 평가하려 한다. 보험회사 로고는 소비자가 보험회사를 선정할 때 기댈 수 있는 기준이 된다.
- 따라서 이런 서비스 관련 시설, 로고, 심볼 마크 등은 무형성을 극복하는 방법이 된다.

② 지인들의 정보이용
- 서비스에 대한 객관적 평가가 힘드므로 해당 서비스에 대한 정보를 지인들로부터 듣게 된다.
- 예컨대 임플란트를 원하는 고객이 이미 임플란트를 잘하는 치과병원을 지인들로부터 소개받는 경우가 해당된다.

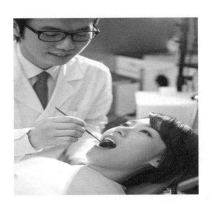

① 보이게 하는 전략

- 고객에게 호텔 내부 인테리어를 포근하고 아늑하게 보이도록 디자인
- 직원들에게 깔끔하고 세련된 유니폼을 입혀 품격 높은 서비스의 암시
- 탁월한 직원서비스의 제공고객의 가방 운반, 체크인, 객실안내 서비스 등
- 로비에 고급 소파를 배치하여 고객이 휴식을 취하거나 기다림의 공간으로 활용
- 객실의 비품을 최고급 제품으로 바꾸어 근사한 체류공간으로 조성

② 느끼게 하는 전략

- 고객이 호텔의 브랜드 이미지와 어울리는 직원의 근무태도를 인식
- 배경음악을 조명과 함께 깔아 놓아 차분한 공간 분위기를 형성
- 고객에게 각종 호텔서비스 혜택에 대한 정보를 상세하고, 친절하게 설명

③ 믿도록 하는 전략

- 고객이 품격 있는 서비스에 대한 지속가능성을 신뢰하도록 믿음을 구축
- 시설, 공간 분위기, 직원근무 스타일의 일관성 유지
- 끊임없이 서비스 질을 향상할 수 있는 경영 전략을 수립하여 실천

무형성 사례

- 영화 '7번방의 선물'감독 이 환경·제작 화인 웍스는 불과 32일 만에 '1,000만 관객'을 동원하는 대박을 터뜨렸다.
- 총 제작비 58억원의 최저 제작비가 소요되었다순제작비 35억원·홍보/마케팅 23억원.
- 성공의 원인을 사회적 이슈·대형 배급사·스타마케팅의 3가지를 꼽고 있다.
- 순전히 관객들의 입소문의 힘이 성공의 저력이 되었다.
- 서비스의 특성상 무형성, 즉 정보입소문의 힘은 그 어떤 마케팅 방법보다 더 효율적이고, 파급효과가 큰 것으로 나타난 대표적인 사례이다.

2) 비분리성(동시성)

- 서비스는 생산과 소비가 동시에 발생한다.
- 생산과 서비스가 동시에 일어나기 때문에 고객의 서비스 생산과정 참여가 수시로 일어난다.
- 서비스는 소유권 이전이 불가능하다.

비분리성 관련 이슈

① 서비스 제공자의 서비스 현장 참여
- 의사, 간호사가 참여하여 환자에게 서비스를 제공하게 된다.
- 서비스 제공자는 언어사용, 외모, 인품, 대화, 교감 등에 의해 고객의 평가가 내려진다.

② 서비스 생산과정에 소비자의 참여
- 서비스 생산과정에 소비자가 참여하는 경우는 여러 유형이 있다.
- 치과치료, 머리카락 시술 등은 고객이 서비스 생산과정에 참여한다.

- 드라이 크리닝과 자동차 수리 등의 서비스에서는 고객이 처음과 마지막 단계에서만 참여한다.

③ 서비스 생산과정에 다른 고객의 참여
- 식당에서 담배를 피우는 고객이 담배를 피우지 않는 고객에게 피해를 주거나,
- 조용한 대화를 원하는 고객 옆에서 어린이들이 시끄럽게 떠드는 상황을 예로 들 수 있다.
- 지하철에서 큰 소리로 휴대폰 통화를 하는 일도 교통서비스 생산과정에 특정한 고객이 참여하는 사례로 볼 수 있다.

비분리성 극복하는 방법

① 전문적으로 훈련된 직원의 배치
- 여러 성향의 고객의 마음을 읽으면서 다정하게 소통할 수 있는 직원이 요구된다.
- 직원은 해당 서비스에 대한 전문적인 지식과 소양까지 겸비해야 한다.
- 직원을 신중히 선발하고, 지속적인 교육훈련이 실시되어야 한다.

② 철저한 고객관리와 다수의 서비스 지점 설치
- 효과적이 고객관리는 서비스의 긍정적인 측면을 부각시키게 된다. 예를 들어 흡연실을 두어 흡연자와 비흡연자를 분리시키는 공간을 만들어 준다.

- 식당이나 병원의 예약시스템을 도입하면 약속 당일 불필요한 대기시간과 불편을 감소시킬 수 있다.
- 세계적인 호텔, 보험사, 은행들이 세계 여러 도시에 지사를 두어 서비스를 제공하고 있다.
- 이는 지역시장에 적합한 전문시설을 구축하여 현지 직원을 배치하여 고객에게 맞춤형 서비스를 제공하는 이점을 지니고 있다.

■ 비분리성 관련 이슈 및 극복 전략

특성	이슈	전략
비분리성	서비스 제공자가 서비스에 물리적으로 연계	서비스 제공자에 대한 교육과 훈련
	서비스 생산과정에 고객이 관여	고객을 효과적으로 관리
	다른 고객이 서비스 생산과정에 관여	여러 곳의 지사를 두어 활용

3) 이질성(heterogeneity)

- 고객별로 서비스가 다를 수가 있은 가변적 요소가 많다.
- 서비스가 제공되는 시간·직원에 따라서 서비스의 내용·질이 달라질 수 있다.
- 고객별로 개별화·차별화된 서비스 제공을 통해 다양한 고객 욕구에 대응해 주어야 한다.

이질성 관련 이슈

① 서비스의 이질성
- 어느 맥도널드 지점의 직원들은 매우 친절한 반면 다른 지점의 맥도널드 직원들은 불친절하다.
- 서비스를 제공하는 직원 역시 예의, 친절, 성격이 다르기 때문에 누가 서비

스를 제공하느냐에 따라 서비스의 질은 달라진다.

② 서비스의 표준화

- 서비스를 균일하게 제공하기가 힘들기 때문에 서비스 표준화와 서비스 질의 통제가 요구된다.
- 은행 등 금융기관에서의 창구 직원들의 서비스는 다양하게 나타난다. 교육이나 훈련에 의한 서비스의 표준화가 이루어져야 한다.
- 이런 서비스 표준화 이슈는 서비스 기업으로 하여금 고객별로 맞춤형customization된 서비스를 제공하게 하는 기회를 제공하게 된다.

③ 이질성 극복전략

- 맞춤형 서비스는 고객의 개별적 니즈needs를 충족시키는 전략이다.
- 서비스 회사와 고객이 동시에 서비스의 전달과정에 참여하므로 고객별 맞춤서비스가 가능하다.
- 표준화의 목적은 서비스 전달과정에서 일관된 서비스를 제공하는 것이다.
- 직원들에게 표준화되고 정형화된 서비스를 제공하도록 지속적인 교육이 필요하다.

■ 이질성 관련 이슈 및 전략

특성	이슈	전략
이질성	서비스 표준화 및 서비스 질 통제의 어려움	서비스 표준화 전략 수행 서비스 개별화 전략 수정

4) 소멸성(perishability)

- 일반 생산품과 달리 서비스는 저장할 수가 없다.
- 서비스는 시간이 지나면 소멸되고, 편익도 없어지게 된다.

① 수요가 공급을 초과

• 서비스 수요가 공급서비스 생산을 초과할 때는 서비스를 받기 위한 고객의 대기시간이 길어져 불만을 초래한다.

② 수요가 적정공급을 초과

• 항공권이 기대이상으로 판매되어 제한된 승무원 숫자로는 고객에게 양질의 서비스를 공급해주지 못한다면 고객의 불만이 높아지게 된다.

• 항공권을 구입 시기에 따라 가격을 다르게 책정하는 방식 등을 고려해야 한다.

③ 적정공급보다 낮은 수요

• 적정서비스 공급량보다 낮은 수요가 있을 때는 일부 수요를 우대서비스로
  전환시켜 차별화된 서비스를 제공해 주어야 한다.

소멸성 극복하는 방법

① 수요 전략: 수요 조절을 위한 가격

• 수요 조절을 하기 위하여 가격 전략을 활용하기도 한다.

• 피크 시에 집중되는 수요를 분산시키기 위해 노인, 학생 등에게 비 피크 시
  에 할인가격을 책정한다.

② 수요 전략: 예약시스템 도입

• 예약시스템은 고객에게 대기시간을 줄일 수 있게 해준다.

• 서비스 제공자는 사전에 고객 수요를 파악할 수 있는 이점이 있다.

③ 수요 전략: 수요를 우대서비스로 전환

• 식당에서는 고객이 기다리는 시간에 라운지 등으로 안내하여 차를 마시게
  한다.

• 골프장에서는 퍼팅그린putting green의 공간을 제공해 준다.

④ 공급 전략: 파트타임 직원의 활용

• 피크 시 일관성 있는 고객서비스를 제공하기 위해 파트타임 직원을 지원해
  준다.

• 회사로서는 파트타임을 활용하면 인건비, 보험료 등의 지출을 줄일 수 있다.

⑤ 공급 전략: 용량의 공동 이용
- 서비스 장비 등을 공동으로 이용함으로써 공급자 비용을 줄일 수 있다.
- 예컨대 여러 전문의들이 모여 고가의 의료 장비를 공동으로 이용함에 따라 비용을 절감할 수 있다.

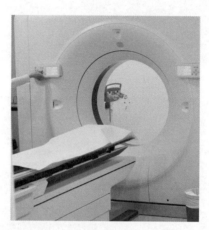
▲ 의료 장비

⑥ 공급 전략: 추가적 용량 확충 계획
- 공급용량이 차거나 초과할 때를 대비하여 추가 확충 계획을 세워 놓아야 한다.
- 고객에게 인기 있는 레스토랑은 장차 고객이 더 늘어날 것에 대비하여 시설좌석, 주방, 홀 등 확충 계획을 세워야 한다.

⑦ 공급 전략: 고객 참여 증대
- 고객이 공급의 주체가 되어 서비스에 참여하는 방식이다.
- 예컨대 커피점, 샐러드 바, 푸드 바 등에서는 고객의 취향대로 원하는 음식을 가져다 식사하는 방식인데, 이는 직원들의 음식서비스 시간을 최소화시킬 수 있다.

▲ 애슐리

■ 소멸성 관련 이슈 및 수요·공급 관리 전략

특성	이슈	수요관리 전략	공급관리 전략
소멸성	수요 > 공급	수요분산을 위한 가격제	공급 증대를 위해 파트타임 직원 고용
	수요가 공급을 초과	예약시스템 적용	다른 서비스 제공자와 공급 용량 공동 이용
	적정공급보다 낮은 수요	수요를 우대서비스로 전환	사전에 서비스 확충 계획 고객 참여 증대

(2) 서비스 특성별 대응 방안

- 서비스의 이러한 특성으로 인하여 무형성에는 가시화 증거가, 비분리성에는 고객접점관리가, 소멸성에는 경험가치가, 이질성에는 표준화의 전략이 요구된다.
- 다시 말하면 서비스의 이런 특성을 미리 파악하여 대응해 나가는 방안이 필요한 것이다.

| 서비스 특성별 대응방안 |

3.3 서비스가 상품과 다른 이유

서비스가 상품과 다른 측면 ⇨
- 서비스는 기업과 고객 간의 상호작용 발생
- 서비스 산출과정에 고객이 참여
- 생산과 구매가 동시 발생
- 품질이 다양하여 표준화에 어려움
- 원가산정이 어려움
- 서비스 프로세스가 중요
- 인적 중심의 서비스 제공
- 직원이 서비스 상품의 일부분임
- 서비스 평가가 주관적임
- 서비스 기업과 서비스 전달자 간의 불일치도 발생

3.4 서비스 산업의 유형

(1) 서비스 산업에는 어떤 산업이 있나?

• 서비스 산업은 금융, 도·소매, 인포메이션, 교통, 전문 비즈니스, 교육, 건강, 문화·예술, 레저·호텔산업으로 총 9개의 산업으로 구성되어 있다.

1) 금융서비스

• 금융서비스는 은행, 보험, 증권, 투자 등에 관련된 업무를 포함한다.

2) 도·소매업 서비스

• 소매업 서비스는 의류, 악세사리, 일반 상품, 자동차 딜러, 식료품 스토어 등의 서비스를 의미한다.

3) 인포메이션 서비스

• 인포메이션 서비스는 정보를 생산하고, 분배하는 서비스에 관련된 분야이다.

4) 교통서비스

• 교통서비스는 항공, 철도, 트럭, 물류, 전기·가스를 포함한다.

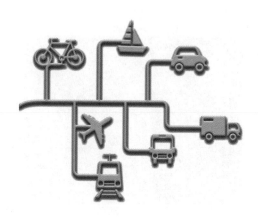

5) 전문 비즈니스 서비스

• 전문 비즈니스 산업에는 광고, 컴퓨터 디자인, 고용, 경영, 컨설팅, 연구 개발 분야가 있다.

6) 교육·건강 서비스

- 교육서비스에는 중·고등학교, 대학교, 사회교육원, 학원 등이 해당되고 선생, 교수 등이 교육서비스를 담당한다.

7) 레저·호텔 서비스

- 레저·호텔 서비스 산업은 레저, 레크레이션, 음식, 연회, 호텔, 숙박시설 등으로 레저서비스에는 야외 스포츠, 산악 및 수상 스포츠, 마리나 등이 해당된다.

8) 문화·예술 서비스

• 문화·예술 서비스는 공연, 전시회, 이벤트, 미술품 판매 등 다양한 문화·예술 활동과 관련이 있다.

(2) 서비스 산업의 분류 방법

1) 서비스 대상에 따른 분류

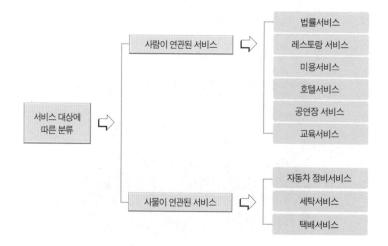

2) 서비스 제공방식에 따른 분류

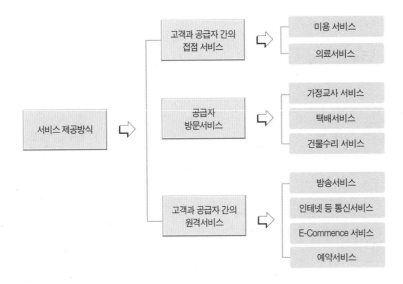

3) 5대 분야(비즈니스, 교역, 하부구조, 개인, 공공)에 의한 분류

- Riddle1986은 서비스 산업을 비즈니스, 하부구조, 교역, 개인, 공공의 서비스 5가지로 나누어 설명한다.

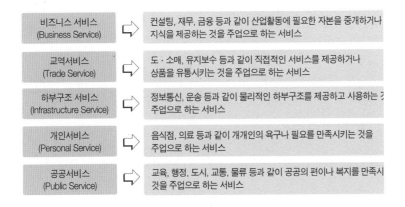

4) 서비스 프로세스에 의한 분류

• Lovelock and Yip1998은 서비스 제공 측면의 프로세스를 토대로 하여 서비스 산업을 나누었다.

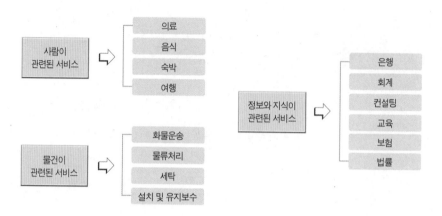

주요 서비스업의
핵심서비스와 부가서비스

■ 주요 서비스업의 핵심서비스와 부가서비스

서비스업	핵심서비스	부가서비스
호텔 (상용고객)	쾌적한 객실	• 다양한 레스토랑, 사우나 등의 레포츠 시설 이용 시 할인 • 예약의 편리성, 비즈니스센터 시설, 객실 내 인터넷 가능 및 개인 금고 사용 • 호텔–공항 셔틀버스 운행, 체크인·체크아웃의 신속한 서비스 • 이용 실적에 따른 마일리지 적립서비스
항공사	안전· 신속한 운항	• 기내식 서비스, 스튜어디스의 친절성·신문·잡지·영화 서비스 • 기내 인터넷 서비스, 이용실적에 따른 마일리지 서비스
레스토랑	음식의 메뉴와 맛	• 주차서비스, 인적서비스, 포장서비스, 특별 이벤트, 어린이 놀이 공간 제공
영화관	영화 상영	• 게임장, 스티커 사진기, 커피숍, 유아놀이방 운영
마트	편의품 판매	• 주민등록등본 등 민원 발급기 설치 • 콜렉트 콜 서비스 • 공공요금 수납서비스 • 현금지급기 서비스 • 택배서비스 • 휴대폰충전 서비스 • 교통카드 서비스 • 무선 인터넷 서비스 • 잉크 충전 • 프로스포츠 티켓 판매

▲ 이정학, 서비스마케팅 p. 112, 대왕사 2011 토대로 재정리.

3.6   e-service 비즈니스 분류

(1) e-service 사업 주체에 의한 분류

• 기업 간Business to Business: B2B의 거래, 기업과 소비자 간Business to Govern-
  nment: B2G거래, 개인과 공공기관 간Customer to Government: C2G의 거래, 개
  인과 개인 간Customer to Customer: C2C의 거래 등으로 구분하고 있다.

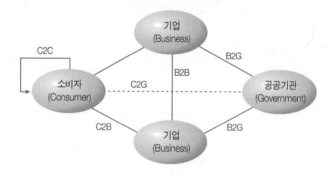

▲ 박용태 외, 서비스 공학, p. 83, 생능출판사 2012.

(2) e-service 갭(gap)모델

고객의 기대서비스

고객의 기대에 대한
경영진의 인지서비스

고객 중심적인
서비스 설계 및 품질기준 마련

서비스 제공

고객 기대의 이해

Story Subject 이야기 거리

01. 왜 우리 일상생활이 서비스 과정인지 그 이유를 설명해보자.

02. 우리의 삶에서 서비스와 관련된 일상생활은 어떤 것들이 있나?

03. 글로벌 서비스 산업 시대를 알리는 인구통계학적 변화요인에는 어떤 것들이 있는지 살펴보자.

04. 새로운 지식서비스 산업에는 어떤 서비스 산업이 포함되는지 생각해보자.

05. ICT기술이 발전되면 어떤 서비스 수요를 유발시키게 될까?

06. 상품(제품)과 서비스의 본질적인 차이에 대해 고민해보자.

07. 제조업과 서비스업을 구분하는데 무형성이란 요소가 중요한 역할을 한다고 한다. 왜 그럴까?

08. 무형성의 사례를 열거하면서 무형성을 극복하기 위한 전략을 논해보자.

09. 비분리성(동시성)의 의미는 무엇이고, 사례를 열거하면서 극복 방안까지 생각해보자.

10. 이질성이란 무엇을 의미하는가?

11. 이질성의 사례를 논하면서 그 극복 방안까지 논해보자.

12. 소멸성이란 무엇이며 소멸성 관련 이슈를 정리해보자.

13. 소멸성의 사례를 들고 소멸성 극복방안에 대하여 논해보자.

14. 서비스 산업에는 어떤 산업들이 있는지 열거해보자.

15. 사람이 연결된 서비스 산업과 사물이 연결된 서비스 산업을 각각 나누어 설명해보자.

16. 고객과 공급자 간의 접점서비스가 이루어지는 서비스 산업은?

17. 공급자 방문서비스에는 어떤 서비스 산업이 있는지 따져보자.

18. 고객과 공급자 간의 원격서비스의 유형에는 어떤 것들이 있는지를 살펴보자.

Part 01
82

19. 주요 서비스 산업의 핵심서비스와 부가서비스를 나누어 설명해보자.

20. e-service의 유형을 논해보자.

21. e-service의 갭(gap)모델에 대하여 분석해보자.

Part

Service Brand Marketing

서비스 브랜드의 개념과 유형

제 4 장

브랜드란 무엇인가?

(1) 브랜드란?

1) 브랜드의 개념

- 제품이나 서비스와 관련하여 연상되는 시각, 감정, 이성 등의 모든 이미지를 버무려 놓은 것이다.
- 브랜드는 상품이나 서비스를 독특하게 만들고자 하는 무형적· 유형적 특징의 모든 것들이다.
- 브랜드의 사전적 의미는 상표, 제품의 이름, 품질, 품종 그리고 소유주 등을 표시하는 소인, 각인을 뜻한다.
- 브랜드의 학문적 정의는 판매자의 제품 및 서비스를 다른 경쟁자의 것과 구별하여 표기할 수 있도록 사용하는 언어, 문자, 디자인 혹은 이들의 결합체이다.
- Kristin Zhivago2005: A brand is not a icon, or slogan, or a mission statement.It is a promise your company keep in every marketing activity, every action, every company decision and every customer interaction.
- Murphy1996: 이름name이나 표시presentation에 의해 구별되는 특정 공급자의 제품이나 서비스를 말한다.
- Aaker1991: 판매자들의 상품을 식별시키고 경쟁자들의 것과 차별화하기 위

해 사용하는 이름이나 상징물로고, 등록상표, 포장, 디자인 등이다.

2) 브랜드 이미지

- 브랜드 이미지란 소비자의 마음 속에 형성된 브랜드와 관련된 감정, 태도, 인상 등이 포함된 복합적 개념이다.
- Keller1993는 브랜드 이미지를 소비자들의 기억 속에 저장되어 있는 브랜드 연상을 토대로 한 브랜드 인식으로 정의한다.
- 이러한 브랜드 연상요소들이 소비자가 특정 브랜드를 기억 속에 담아두고 그 브랜드에 의미를 부여할 수 있도록 도와주는 역할을 한다Keller, 1993.
- 따라서 브랜드 이미지는 소비자에게 제품과 서비스에 대한 신뢰와 기대감을 갖게 함으로써 구매행위로 이어져 판매에 직접적인 영향을 미치게 된다.
- 기업은 브랜드 네임을 결정하고 포장디자인과 판촉물의 로고타입, 브랜드 심벌, 브랜드 캐릭터, 브랜드 칼라 등의 시각요소를 브랜드 이미지에 반영하여 브랜드 아이덴티티를 확립하게 된다.

▲ LG, 삼성

- 브랜드의 기원으로 브랜드란 단어는 'burn'을 의미하는 고대 노르웨이 단어인 brandr불에 달구어지다, 확인하다에서 유래되었고, 가축의 소유주들이 가축의 실종과 도난에 대비해 자신들의 가축에 낙인을 찍어 소유권을 표시한다.
- 브랜드 수식어는 개별 브랜드를 보조하기 위해 제품이나 서비스에 부착하는 네임이다. 제품이나 서비스의 미세한 특징을 묘사하는 역할을 한다. 자

동차 분야에서는 그랜저 XG의 L20, L25 등으로 브랜드 수식어가 있고, 참치 통조림의 경우는 순한 참치, 자장 참치, 매운 참치 등이 있다.

(2) 브랜드의 분류

1) 소유형태에 따른 분류

- 제조업자 브랜드는 기업브랜드corporate brand와 제품브랜드product brand로 분류된다.
- 제조업자 브랜드의 예
  → 생활용품 브랜드: 제일제당, LG화학 등
  → 식료품 브랜드: 롯데제과, 삼양라면 등
- 유통업자 브랜드는 중소기업형태의 제조업자들이 마케팅능력 부족이나 경비절감 등의 이유로 백화점과 대형할인 판매점 등에 제품을 납품하는 자가 브랜드private brand: PB를 말한다.
- 유통업자 브랜드와 생산업자 브랜드의 결합으로 이마트의 패밀리 브랜드인 이-플러스(e-plus)와 LG유통의 '함박웃음' 등이 있다.

2) 시장 선점(dominance)정도에 따른 분류

- 브랜드 시장 선점이란 브랜드가 경쟁시장 내에서 발휘하는 시장 지배성 또는 시장 선도성을 의미한다.

① 선도 브랜드(leading brand)

- 시장 내에서 경쟁자들에 비해 상대적으로 강자의 위치에 있으면서 높은 시장점유율을 차지하는 브랜드를 말한다.
- 선도 브랜드의 예로는 LG, 삼성, SK, 코카콜라, 3M, Microsoft 등이 있고, 생활용품 브랜드에서는 치약의 2080, 기저귀의 팸퍼스Pampers 등이 있다.

② 후발 브랜드(challenge brand)

- 후발 브랜드의 단점: 후발 브랜드는 시장진입에 있어서 선발 브랜드에 비해 인지장벽, 접근장벽, 비용장벽, 품질장벽, 전환장벽의 어려움이 있다고 한다.

  → 인지장벽: 특정 카테고리에서 최초로 소비자 인지도를 선점한 브랜드는 각종 매체의 무료홍보, 광고publicity지원을 받기 때문에 후발 브랜드에 비해 월등한 인지우위를 획득한다.

  → 접근장벽: 후발업체는 매장에서 선반을 미리 선점하고 있는 선발 진입 브랜드에 비해 자리 확보를 위해 추가적인 노력을 해야 하고, 경쟁기회가 제약된다.

  → 비용장벽: 선도 브랜드는 규모의 경제에 의한 효율성을 이미 지니고 있기에 후발 브랜드로서는 선발 브랜드와 동일한 원가경쟁력을 갖기가 힘들다.

  → 품질장벽: 선도 브랜드가 만들어 놓은 기술요인, 지각품질적 요인, 차별화 정도, 제품특성 등의 장벽을 후발 브랜드가 뛰어 넘기 힘들다.

  → 전환장벽: 소비자의 입장에서 선발 브랜드 외에 후발 브랜드를 탐색하는 노력과 비용심리적 비용 포함, 즉, 전환비용switching cost이 소비자가 후발 브랜드로 전환하는데 장벽으로 작용하고 있다는 의미이다.

- 후발브랜드의 이점

  → 무임승차 효과: 후발 진입자는 선발 진입자가 투자해 놓은 많은 분야연구개발, 소비자 학습, 인프라 개발의 투자에 무임승차할 수 있다. 무임승차의 효과는 후발 진입자가 같은 기술을 보다 낮은 비용으로 확보할 수 있을 때 존재한다.

  → 불확실성의 해결: 후발 진입자는 기술적 불확실성을 해결함에 있어서 상대적 이익을 얻을 수 있다. 후발 진입자는 이러한 위험을 선발 진입자 보다는 덜 가지게 된다.

→ 선발 진입자의 타성에 의한 변화 기피와 개선 오류: 선발 진입자는 시장의 리더가 되기 위해 필요한 투자를 하지 않는 오류이다. 또한 선발 진입자는 연구개발 투자를 줄이고, 신상품 개발 노력을 소홀히 하게 된다. 이러한 시장 선도자들의 타성은 소비자 변화의 대응과 신규 투자 의욕을 저하시켜 후발 진입자에게 유리한 비즈니스 환경을 조성해 준다.

→ 선도 진입자의 포지셔닝 오류: 선발 진입자가 적절하게 포지셔닝을 하지 못할 경우에 후발 진입자는 상대적인 이익을 얻게 된다.

③ 모방 브랜드(me-too brand)

• 모방 브랜드는 선도 브랜드와는 비슷한 형태를 보이고 있는 브랜드로서 소비자들이 브랜드의 차이를 뚜렷이 인식 못하는 제품 브랜드이다. 이런 브랜드들은 제과와 음료에 수없이 등장한다.

• 치약의 경우 '죽염'과 '송염', 빙과류의 '메로나', '메론바', 음료의 경우 '참매실', '초록매실' 등을 예로 들 수 있다.

• LG의 김치냉장고가 시장에서 히트를 치자 여러 개의 모방 브랜드가 나왔었다.

• 모방 브랜드는 선도 브랜드가 쌓아 놓은 브랜드 가치에 올라타서 단기간에는 매출이 올라갈지는 몰라도 장기적인 관점에서 파워 브랜드로 자리매김하기는 힘들다. 그러나 모방 브랜드는 소비자들의 제품이나 서비스에 대한 선호도를 유발시켜 시장의 규모를 크게 만드는데 기여한다.

④ 가짜 브랜드(fake brand)

• 가짜 브랜드는 영세한 제조업자들이 선도 브랜드의 가치를 따라 선도 브랜드의 네임과 제품속성을 똑같이 모사하는 브랜드이다. 이를 일반적으로 '짝퉁 제품'이라고 부른다.

• 루이비통Louis Vuitton, 샤넬Chanel, 로렉스Rolex 등 명품 브랜드를 따라 만든

가짜 브랜드가 판을 치고 있기도 하다.

• 가짜 브랜드는 주로 개발도상국 등 상표권 침해에 따른 처벌이 약한 국가들에서 만들어지고 있다.

3) 브랜드 속성별 분류

• 심리자극 브랜드는 소비자의 연상효과를 유도하여 감성을 자극하는 브랜드를 의미한다. 화장품, 자동차, 의류분야에서 많이 활용된다. 예로서 시슬리, 겔럭시 등이 있다.

• 기호자극 브랜드는 개인의 기호, 가치에 적합한 메시지를 전달하는 브랜드이다. 예로서 컴포터블, 후레쉬 등이 있다.

• 특성표시 브랜드는 제품의 속성이나 내용, 특징을 알려주거나 암시해 주는 브랜드이다. 예로서 '갈아 만든 배', '한 스푼', '육개장 사발면' 등이다.

4.2 브랜드 구성요소에는 어떤 것들이 있나?

(1) 브랜드 컨셉트(brand concept)

- 브랜드 컨셉트는 소비자의 마음 속에 제품을 포지셔닝하고, 주어진 제품을 같은 카테고리 내의 다른 상표와 차별화해 주는 것이다Park, Jaworski and MacInnis, 1986.
- 브랜드 컨셉트를 또 기능지향적function-oriented, 유명지향적prestige-oriented 으로 구분하기도 한다Park, Milberg and Lawson, 1991.
  → 기능지향적: 제품자체의 성격이나 속성을 반영한 브랜드 컨셉트
  → 유명지향적: 브랜드의 상징적 의미, 사회적 지위를 반영한 브랜드 컨셉트
- 예로서 소형승용차인 '모닝'은 기능지향적이고, 고급세단승용차인 K7은 유명지향적인 브랜드 컨셉트라고 할 수 있다.

▲ 모닝

▲ K7

▲ 기아

(2) 브랜드 연상과 브랜드 이미지

1) 브랜드 연상

- 브랜드 연상brand association은 브랜드와 관련하여 떠오르는 기억을 말한다.
- Aaker1991는 소비자가 브랜드와 연결되는 정도 그리고 브랜드에 대한 경험이 많을수록 브랜드에 대한 연상이 강해진다고 한다.
- 아울러 연상은 다른 연상과 연결될 때 더욱 강력해진다고 주장한다.
- 예를 들면 '신라면'하면 매운 맛이 떠오르게 된다.
- 롯데월드는 즐겁고 흥분되는 놀이터, 연인과의 데이트, 맛있는 먹거리, 근처의 롯데시네마에서 영화관람 등의 감정과 활동관련 연상으로 연결되어 있다.

▲ 농심(신라면)

▲ 롯데월드

• Aaker1991가 정의하는 연상의 역할

→ 첫째, 브랜드 연상은 소비자들에게 제품에 대한 정보를 접근하는데 도움을 준다.

→ 둘째, 브랜드 연상은 다른 브랜드와 차별화시키는 역할을 한다.

→ 셋째, 브랜드 연상은 소비자들의 구매결정이나 브랜드 충성도와 관련시킬 수 있다.

→ 넷째, 어느 특정한 브랜드 연상은 소비자에게 호감을 주는 긍정의 효과를 줄 수도 있다.

→ 다섯째, 브랜드 연상은 브랜드 확장에 기여하기도 한다.

2) 브랜드 연상의 유형

• Aaker1991는 11개의 브랜드 연상의 유형을 제시하였다

① 상품속성

• 제품의 속성이나 특성에 의해 브랜드의 연상이 떠오르는 것을 의미한다.

• 예컨대 프로폴리스 건강식품은 세균예방 및 제거 속성에서 연상이 나타나고, 팸퍼스 기저귀는 습한 아기엉덩이로부터 탈출이라는 속성으로부터 연상이 얻어진다.

▲ 팸퍼스

② 무형성

• 무형적 요소란 인지된 품질, 기술 리더십, 인지된 가치 등과 같은 제품이나 서비스의 속성과 관련된 연상이다.

• 삼성, LG, HP, Google 등과 같은 네임은 제품과 서비스의 관련된 연상보다는 기술적 리더십, 인지된 가치 등보다 무형적 연상과 관련이 깊다.

• 예로서 신라호텔 서비스는 친절, 배려, 청결, VIP 느낌 등의 무형적인 요소가 연상과 이어진다.

▲ 신라호텔

③ 소비자 편익

• 대부분의 상품과 서비스는 소비자에게 주는 편익을 포함한다. 많은 브랜드가 속성과 편익을 동시에 포함하고 있다.

• Aaker1991는 소비자 편익에는 합리적 편익과 심리적 편익이 있다고 한다. 그는 합리적 편익은 상품이나 서비스와 밀접하게 관련되어 있어서 구매결정 과정에 한 부분이 된다. 심리적 편익은 소비자의 태도와 의식형성 과정에 기여하여 해당 브랜드를 구입하여 사용할 때의 기분과 감정과 관련된다. 심리적 형태의 편익은 강력한 연상 중의 하나로 작용하게 된다.

• 팸퍼스 기저귀는 '습한 아기 엉덩이 방지'라는 합리적인 편익에다 기저귀를 갈아주는 엄마의 아름다운 얼굴이라는 심리적 편익까지 수반하게 된다.

▲ 팸퍼스

④ 상대적 가격
• 가격에 따라 브랜드에 대한 연상이 최고급으로 느껴질 수도 있고, 할인을 해주는 브랜드의 이미지로 비춰줄 수도 있다.
• 뉴코어 백화점의 의류코너는 '거품을 뺀 가격' 연상을 강조하여 타 백화점보다 싸지만 다소 품질이 떨어진다는 인식을 가지고 있다.

⑤ 사용·적용 상황
• 브랜드의 사용상황이나 적용방법으로 연상되는 유형이다.
• '수미 감자칩'은 맥주와 파티에 함께 할 수 있는 과자라는 연상을 준다. 오뚜기 스프는 김밥, 빵, 팝콘 등 여러 음식과 식사상황에 함께 어울리는 브랜드 연상을 준다.

▲ 농심(수미칩)

⑥ 사용자 · 소비자

• 브랜드를 목표시장의 제품사용자나 소비자의 유형과 연계시키는 방법이다.

• 예컨대 반얀트리 클럽 앤 스파는 상류층의 고객들을 연상하게 되고, 클린 앤 클리어 화장품은 10대 브랜드로 연상되어 있다.

▲ 반얀트리 앤 스파 클럽

⑦ 유명인

• 유명인을 브랜드와 연계시켜 유명인의 연상이 브랜드로 전이될 수 있게 만 드는 것이다. 브랜드에 나타나는 대상은 유명인을 포함하여 만화 주인공이

나 캐릭터일 수도 있다.

⑧ **라이프스타일 · 개성**

• 특정한 개성이나 라이프스타일의 이미지와 관련된 연상을 소비자에게 제공
해 주기도 한다.

• Harley Davidson은 자유로운 영혼, 개방감, 빠른 속도, 남자다움을 상징하는
브랜드로서 대표적인 라이프스타일 브랜드라고 할 수 있다.

▲ 할리 데이비슨 코리아

⑨ **제품 종류**

• 특정한 브랜드는 제품 종류에 대한 연상을 주기도 한다.

• '햇반'이라는 브랜드는 이 분야 제품에서 선두주자로 연상이 되는 브랜드로
자리매김 하고 있다. '썬연료' 역시 부탄가스의 포터블 연료제품을 연상하게
되는 성공한 브랜드이다.

▲ CJ(햇반)　　　　　　　　▲ 태양(썬연료)

⑩ 경쟁사

- 소비자들은 어떤 특정 브랜드를 경쟁사와 비교하여 연상할 수 있다. 오랜 전통과 우수한 이미지를 지니고 있는 경쟁사 브랜드가 존재할 경우에 이 특정회사는 이 우수한 회사 이미지 연상의 혜택을 볼 수 있다.

⑪ 국가 지역별 범위

- 국가나 지역은 강력한 브랜드 연상효과를 가지게 된다.
- 프랑스의 패션과 향수, 스칸디나비아 국가들의 가구디자인, 독일의 자동차 등은 국가 브랜드 연상을 불러일으키게 된다.

▲ 잔느프로방스(프랑스 프로방스 지방의 향수)

▲ 가구 디자인

브랜드 확장

(1) 브랜드 확장(brand extension)이란?

• 신제품을 시장에 내 놓을 때 자사의 기존의 브랜드 명성을 신제품에도 확장시켜 적용하는 방법을 브랜드 확장이라고 한다.

• 이유재·박찬수1995는 P&G는 아이보리 비누의 브랜드를 주방용 세제와 샴푸에 사용하는 것을 브랜드 확장이라고 한다.

• 기존의 브랜드 네임을 기반으로 하여 브랜드 확장을 하는 이유는 기존의 브랜드가 성취해 놓은 소비자의 브랜드 인지도, 충성도 등을 통해 신제품 출시에 따른 마케팅 비용 등을 줄여보자는 전략으로 볼 수 있다.

• 브랜드 자산brand equity이 소비자들에게 충분한 호감을 주는 브랜드인 경우 새로운 제품에 대한 광고비나 판촉비를 줄일 수 있고 신제품의 성공 가능성이 커지게 된다.

• 그러나 새로운 브랜드를 확장할 때 유의한 점은 기존의 제품과의 강한 적합성fit과 연계성이 있어야 한다.

(2) 브랜드 확장의 예

• LG화학의 '드봉' 화장품은 '드봉' 브랜드의 명성을 그대로 드봉비누, 드봉치

약으로 브랜드 확장을 시켰다.

• 오뚜기 식품은 마요네즈를 '오뚜기'라는 브랜드로 시작하여 브랜드 명성을 올렸고, 그 후 참치, 참기름, 라면 등으로 브랜드를 확장하여 성공을 거두었다.

▲ LG생활건강

▲ 오뚜기

(3) 브랜드 확장 전략

1) 브랜드 확장 전략

• 라인확장은 기존의 제품군 내에서 새로운 세분시장을 겨냥하여 개발된 제품에 모 브랜드를 확장 적용하는 것을 말한다.

• 제품범주 확장은 기존 제품군과는 다른 새로운 제품군을 대상으로 한 신제

품에 모 브랜드를 확장하여 적용하는 것이다.

2) 브랜드 확장의 혜택

- 브랜드 확장이 주는 혜택은 신제품 수용의 촉진이다.
- 소비자들이 신제품에 대해 지각하는 위험을 줄여주고, 유통경로의 확보를 용이하게 해준다.
- 초기 마케팅 비용을 줄여주고 또 새로운 브랜드를 개발하는데 많은 비용을 들이지 않아도 된다.
- 규모의 경제효과 및 전시효과를 발휘할 수 있다.
- 다양성을 추구하는 소비자들을 끌어들일 수 있다.
- 신제품의 성공확률을 높일 수 있다.

3) 브랜드 확장 전략의 개발과정의 5단계

- 소비자들이 실제로 갖고 있는 브랜드에 대한 지식을 파악하고 바람직한 브랜드 연상을 정의한다.
- 가능한 확장대상 후보제품군을 파악하고 확장대상 후보제품들의 성공가능성을 평가한다.
- 소비자분석과 자사와 경쟁업체를 분석한다.
- 확장제품을 위한 마케팅 프로그램의 설계를 한다.
- 수립된 브랜드 확장 전략의 평가를 한다.
  - → 여기서 브랜드 확정 전략의 평가는 브랜드 확장이 확장제품과 모 브랜드의 자산에 얼마나 기여했는지를 평가하는 것이다.
  - → 브랜드 확장은 모 브랜드의 이미지를 강화시킬 뿐만이 아니라 더 넓은 제품범주로의 확장도 가능하게 해야 한다.

4.4 브랜드 개성

(1) 브랜드 개성(brand personality)이란?

- 소비자들은 다른 사람들에게 인격적 특성을 이야기하듯이 브랜드에게도 개성personality을 부여한다.
- 브랜드 개성이 주는 연상은 마치 브랜드가 인간인 것처럼 간주하게끔 한다는 것이다.
- 소비자는 무생물인 브랜드에 감정, 사고, 의지 등의 인간적 특성을 부여하고자 하는 의인화 기질이 있다고 한다.
- 소비자들은 무생물인 브랜드와 상호작용, 즉 소비자−브랜드 간의 관계를 잇게 하고자 브랜드에 인간의 개성personality을 부여한다고 한다.
- 브랜드 개성은 2가지 관점에서 의미를 지닌다.
  - → 마케터marketer 관점: 브랜드 개성을 기반으로 경쟁자와 브랜드 차별화가 가능하다.
  - → 소비자 관점: 브랜드 개성을 토대로 자아를 표현하고 자아을 정의할 수 있게 된다. 많은 소비자들이 브랜드의 상징을 중요하게 여긴다. 소비자들은 명품백을 메고 다니면서 자기만족을 느끼게 된다는 것이다.
- 브랜드 개성은 소비자의 태도나 인식에 대한 중요한 단서를 제공한다.

(2) 브랜드 개성 관련 연구

- Aaker1997는 브랜드 개성에는 진실함sincerity, 흥미로움excitement, 탁월함 competence, 세련됨sophistication, 거친 활동성ruggedness의 다섯 가지가 있다 고 주장한다.
- 홀 마크 카드는 진실함, 베네통은 흥미로움, 메르세데스와 Guess는 세련됨, 나이키는 활동적인 개성을 드러낸다.

▲ 메르세데스 벤츠 코리아

▲ 게스코리아

(3) 브랜드 이미지와 브랜드 개성의 비교

- 브랜드 이미지는 브랜드 개성을 포함하여 브랜드를 연상하게 하는 속성at-tributes, 혜택benefit 결과consequences를 포함한다. 즉, 브랜드 이미지는 소비자 측면에서 브랜드 연상에 관련된 모든 것들을 포함하는 것으로서 소비자의 기억 속의 브랜드와 관련한 생각, 느낌, 상상 등을 의미한다.
- 브랜드 개성은 브랜드 연상 속에서 인간의 개성을 브랜드와 연결한 개념이다.

(4) 브랜드 개성은 어떻게 만들어지나?

- 브랜드 마케팅 믹스를 포함한 브랜드와 관련된 요소가 주는 영향에 의해 브랜드 개성이 만들어 진다. 직접적으로는 상품가격, 광고 등 마케팅 믹스 측면, 브랜드를 사용하는 소비자 측면, CEO의 경영, 종업원 등 기업 측면 등 사람들의 개성이 브랜드에 영향을 미친다.
- 간접적으로는 제품관련 속성, 브랜드 네임, 로고, 광고, 유통기간 등에 의해 브랜드 개성이 영향을 받는다.

4.5 브랜드 아이덴티티와 이미지

(1) 브랜드 아이덴티티(brand identity) 개념과 구성

1) 브랜드 아이덴티티의 개념

- 브랜드 아이덴티티, 즉 정체성은 브랜드 네이밍을 한 후, 브랜드가 지니고 있는 이미지를 더욱 구체화시킨 것을 브랜드 아이덴티티라고 한다.
- 브랜드 정체성은 브랜드 네이밍 과정에서 이미 들어간다. 네이밍 과정에서 정체성이 녹아 들어간다는 의미이다.
- 브랜드 정체성에는 브랜드 명, 제품의 특성, 심볼로고 등, 광고, 이미지 등이 영향을 준다.

2) 브랜드 아이덴티티의 구성

- 브랜드 아이덴티티는 핵심 아이덴티티와 확장 아이덴티티로 구성된다.
- 핵심 아이덴티티는 브랜드의 기본 정신으로서 고객과의 관계 속에서 존재하는 가치이다. 이런 정체성 요소는 시간이 흘러도 변하지 않는다.
- 확장 아이덴티티는 핵심 아이덴티티를 기본으로 하여 그 주변에 존재하는 다양한 요소들이라고 할 수 있다.
- 브랜드 요소들 간에는 핵심과 확장을 적절히 보완하고 조화시켜야만 경쟁력 있는 브랜드 아이덴티티가 만들어 질 수 있다.

- 간혹 브랜드 아이덴티티는 네이밍 과정에서 의도했던 것과는 다른 이미지로 소비자에게 다가갈 수 있다. 이 경우 브랜드 아이덴티티와 브랜드 이미지 간의 갭gap을 줄이는 일이 브랜드 경영management의 전략적 목표가 된다.
- 브랜드 아이덴티티를 본래의 의도한대로 지속가능하게 관리하기 위해서는 브랜드 이미지에 대한 모니터링을 실시하여 브랜드의 명성유지 정도, 위상, 소비자의 선호도 등을 상시로 점검하는 노력이 필요하다.

(2) 브랜드 이미지(brand image)

- Keller1993는 소비자 기억 속에 남아있는 브랜드에 대한 인식을 브랜드 이미지라고 정의하고 있다. 브랜드 이미지는 브랜드와 관련된 여러 연상들과 결합되어 나타난다.
- 기업의 입장에서는 자사기업 제품에 대한 여러 연상 중에서 경쟁우위에 있는 것들만 선별하여 소비자에게 전달함으로써 경쟁 브랜드보다 강력한 연상효과를 제공할 수 있게 된다.
- 브랜드 이미지는 브랜드 자산과는 다르다. 브랜드 자산brand equity은 증권의 가치나 합병merge & acquisition할 때의 가격 등과 같이 화폐단위로 환산 가능한 재무적 자산을 말한다.
- 브랜드 이미지는 회사의 이미지, 고객이 생각하는 이미지, 제품·서비스 이미지 3개의 이미지로 구성되어 있다.
- 브랜드 이미지에 가장 큰 영향을 미치는 것은 소비자의 브랜드 사용 경험과 미디어를 통한 광고이다.
- 브랜드 이미지란 브랜드와 관련되어 무엇인가 생각나는 것, 기억 속에 저장되어 있는 모든 것으로 개인차·지역차가 크다.
- 한국사람이 일본이란 나라에 대해서 가지고 있는 이미지와 미국사람이 일본에 대해 품고 있는 이미지와는 큰 차이가 있다. 맥주하면 생맥주를 떠올

리는 사람이 있는가 하면 병맥주를 떠올리는 사람도 있다.
- 그러면 왜 브랜드 이미지가 중요할까? 브랜드 이미지는 소비자가 행동제품을 구입하는 기준이 됨과 동시에, 감각기관을 통해 입력되는 여러 가지 정보를 여과하는 역할을 하기 때문이다. 다시 말해서 소비자는 자신이 품고 있는 브랜드 이미지에 따라 자신이 기대하는 바대로 판단하고 행동한다는 것이다.

(3) 브랜드 아이덴티티 개발 전략

1) 브랜드 아이덴티티 개발 전략이란?

- 브랜드하면 해당 회사나 점포의 다른 경쟁제품과 구별하기 위한 브랜드 명, 로고, 시각적 심벌 등을 떠올리지만, 브랜드는 그 이상의 포괄적 의미를 갖는다.
- 이런 전반적인 이미지의 형성을 통하여 브랜드 아이덴티티가 고객 마음 속에 구축된다.
- 브랜드 아이덴티티는 기업이 표적고객의 마음 속에 심어주기를 원하는 바람직한 연상들 혹은 이미지이다.
- 브랜드 아이덴티티 개발 전략이란 바람직한 브랜드 아이덴티티를 소비자의 마음 속에 구축하기 위해 제품의 특성, 브랜드 명, 심벌, 광고, 판매촉진, 이벤트 PR 등과 같은 모든 브랜드 접촉점들을 통합적으로 관리하는 과정을 의미한다.

2) 브랜드 아이덴티티 도출과정

① 시장분석
- 시장분석에서 가장 중요하게 고려되어야 할 요소는 시장추세이다.
- 시장추세는 특정 제품시장을 구성하는 개별 제품시장의 성장과 감소, 혹은 시장성장률 등을 분석하는 일이다.

② 소비자분석

• 소비자분석으로부터 얻고자 하는 것은 소비자들이 추구하는 주요혜택의 그 상대적 크기를 고려하여 다음의 3가지 브랜드로 핵심 아이덴티티를 정립하게 된다.

→ 기능적인 가치를 주로 전달하는 브랜드

→ 상징적인 가치를 주로 전달하는 브랜드

→ 경험적인 가치를 전달하는 브랜드

3) 브랜드 아이덴티티 시스템

• 브랜드 아이덴티티 시스템은 시장분석을 통해 파악된 시장의 추세를 적합하게 반영할 수 있어야 하고, 소비자의 욕구와 세분시장의 특성에 맞게 수립되어야 한다.

• 브랜드 아이덴티티 시스템은 자사가 지닌 강점을 살리면서 경쟁사의 약점을 공격하고 강점을 무력화 시킬 수 있도록 하는 것이 좋다.

• 브랜드 아이덴티티는 핵심 아이덴티티와 확장 아이덴티티로 구성되어 있으며, 확장 아이덴티티의 구성요소들은 나름대로의 구체적 의미를 가지고 핵심 아이덴티티를 둘러싸고 있다. 핵심 아이덴티티는 브랜드가 가지고 있는 정수라고 할 수 있으며, 이는 시간이 지나도 쉽게 바뀌지 않는다.

• 브랜드 아이덴티티의 구성요소는 제품 자체 뿐 아니라 제품과 관련되지 않은 제품 외적 연상들을 포함한다. 제품을 사람에 비유하였을 때 어떤 성격이나 이미지를 떠올리게 하는 것이다. 예를 들어, 음료하면 무엇이 떠오르냐? 콜라!, 생수하면 무엇이 떠오르나? 삼다수!와 같다.

• 또한, 자사 제품만이 가지고 있거나 경쟁제품보다 더 우수한 제품특성을 부각시킴으로써 차별화된 브랜드 아이덴티티를 형성할 수 있다.

• 품질대비 가격 또한 제품의 핵심 아이덴티티로 작용할 수 있다.

4.6 브랜드 네이밍

(1) 브랜드 네이밍(brand naming)이란?

• 상품의 이름을 짓는 과정을 브랜드 네이밍이라고 한다.
• 브랜드 네이밍을 할 때에는 제품이나 서비스의 이미지를 소비자들에게 가장 잘 인식되도록 네이밍을 해야 한다.

(2) 브랜드 네이밍 과정에서 고려할 판단기준

1) 기억하기 쉬울 것

• 브랜드 명은 고객이 기억하기 쉬워야 하고 재미있어야 한다.

2) 해당 제품·서비스를 암시해 줄 것

• 브랜드가 이미 해당 제품이나 서비스를 암시해 주어야 한다.
• 아기 옷을 만드는 "보라유통"이라는 메이커는 브랜드를 "아가방"이라고 개명하고 나서 매출이 엄청나게 늘어났다.

3) 부정적인 의미를 포함하지 말 것

• 브랜드의 문자 의미가 부정적인 것은 브랜드에 사용하지 말아야 한다.

• 자동차회사인 GM의 "NOVA"라는 브랜드는 스페인어로 "작동하지 않는다"란 부정적 의미가 있어서 잘못된 브랜드 네이밍의 대표적인 사례이다.

4) 상표법상 등록이 가능할 것

• 모든 브랜드 명은 상표법상 등록이 가능한 것이어야 한다.
• 상표로 등록시켜 자사의 브랜드를 보호하는 일도 브랜드 전략상 중요하다.

5) 단어의 길이와 발음의 용이성

• 브랜드가 짧으면 기억하기 쉽다. 기억하기 쉽고 발음하기 좋은 글자 수는 3~4자로 알려져 있다.

01. 브랜드의 사전적 의미와 학문적 의미를 비교해보자.

02. 시각, 감성, 이성의 모든 이미지가 브랜드의 개념이라면 이것들이 가장 잘 녹아 있는 브랜드의 예를 찾아보자.

03. Aaker에 의하면 브랜드는 로고, 등록상표, 포장 디자인을 포함한다고 했다. 그렇다면 왜 브랜드 대신 로고 또는 등록상표라고 부르는가 생각해보자.

04. 브랜드 연상요소란 무엇이고, 연상요소에는 무엇이 있는지 논해보자.

05. 과연 브랜드 이미지의 어떤 측면이 고객의 구매행위를 부채질할까?

06. 브랜드 이미지와 브랜드 아이덴티티는 어떻게 다른지를 설명해보자.

07. 소유형태에 따라 브랜드를 분류해 보고, 기업 브랜드와 제품 브랜드의 예를 들어서 비교해보자.

08. 선도 브랜드(leading brand)란 무엇인가?

09. 선도 브랜드의 예를 들고, 이 제품 혹은 서비스가 왜 선도 브랜드인지 이유를 논해보자.

10. 후발 브랜드(challenge brand)가 시장진입에 있어서 어려운 점은 무엇일까?

11. 후발 브랜드 관련하여 전환장벽은 어떤 의미를 던져 주고 있나?

12. 선도 진입자의 포지셔닝 오류란 무엇이며, 이것이 후발 브랜드에게 미치는 영향은 무엇인가?

13. 모방 브랜드(me-too brand)가 시장에 기여한다고 하면 어떻게 기여할까?

14. 모방 브랜드의 한계는 무엇인가?

15. 모방 브랜드가 성공한 예와 실패한 예를 각각 들고, 성공, 실패의 이유를 알아보자.

16. 가짜 브랜드란 어떤 브랜드를 말하며, 가짜 브랜드의 예를 설명해보자.

17. 글로벌 브랜드(global brand)와 국제 브랜드(international brand)의 차이를 예를 들어서 설명해보자.

18. 우리나라 내셔널 브랜드(national brand)의 예를 들어보자.

19. 브랜드를 속성별로 분류해보자.

20. 개인의 기호를 자극하는 브랜드의 예를 들어보고, 왜 심리자극 브랜드와는 다른지를 설명해보자.

21. 브랜드 컨셉트란 브랜드와 어떻게 다른지를 설명해보자.

22. 기능지향적 브랜드 컨셉트란 무엇인가?

23. 유명지향적 브랜드 컨셉트의 예를 들어보자.

24. 브랜드 연상(brand association)은 브랜드와 어떤 관계가 있는가?

25. 브랜드 이미지와 브랜드 컨셉트의 의미를 혼돈할 수 있는데, 이 두 가지 개념을 비교 해석해보자.

26. 브랜드 연상과 브랜드 이미지의 관계는?

27. 브랜드 연상의 유형을 제시하고, 각각의 유형을 구체적으로 해석해보자.

28. 브랜드 확장(brand extension)하고자 하는 이유는 무엇일까?

29. 브랜드 자산(brand equity)이란 무엇이고, 브랜드 연상과는 어떤 관계가 있을까?

30. 브랜드 확장의 결과, 성공한 예와 실패한 예를 들어서 설명해보자.

31. 브랜드 개성(brand personality)이란 무엇인지 논해보자.

32. 어떻게 브랜드 개성을 토대로 다른 경쟁 브랜드와 차별화가 가능할까?

33. 브랜드 이미지와 브랜드 개성을 비교해보자.

34. 브랜드 개성이 만들어지는 배경에는 어떤 것들이 있는지 고민해보자.

35. 브랜드 아이덴티티란 무엇인가?

36. 핵심 아이덴티티와 확장 아이덴티티는 어떻게 다른가?

37. 브랜드 이미지와 브랜드 자산을 비교하여 설명해보자.

38. 브랜드 네이밍 과정에서 고려해야 할 판단기준을 논해보자.

제 **5** 장
브랜드 파워·디자인·커뮤니케이션

5.1 브랜드와 브랜드 파워

- 소비자들은 브랜드를 떠나 생활할 수 없는 시대에 살아가고 있다.
- 제품과 서비스 기업에게도 브랜드는 매출의 생명과도 같은 존재가 된지 오래이다.
- 따라서 전략적 브랜드 관리만이 브랜드 파워를 키울 수 있다.

(1) 브랜드 충성도(brand royalty)

1) 브랜드 충성도란?

- 브랜드 로열티는 브랜드에 대한 소비자의 충성된 마음을 뜻한다.
- 고객이 변하지 않고 지속적으로 해당 브랜드만 구매하거나 사용하는 성향을 의미한다.
- 소비자와 브랜드 간의 의인화된 장기적인 관계를 의미한다.
- 이는 모든 브랜드 매니저의 꿈이자 희망이고, 목표이다.
- 고객들은 새로운 브랜드로의 전환비용switching cost이 크다고 생각하면 브랜드를 바꾸려 하지 않는다.
- 기업들은 브랜드 충성도가 브랜드 파워를 구축하는데 필수불가결한 요소로 보고 브랜드 충성도를 관리하는데 역점을 두고 있다.

2) 브랜드 충성도의 특징

- 기존고객의 관리비용이 신규고객을 늘리는 비용보다 훨씬 작게 들기 때문에 마케팅비용을 줄일 수 있다.
- 기존고객이 잠재고객에게 브랜드에 대한 확신을 심어 주게 되어 새로운 고객확보가 가능하다.
- 매장에서 우수한 위치를 차지하는 등 매장 레버리지 효과를 지닌다.
- 충성도 있는 고객들의 지속적이 구매나 이용으로 경쟁자의 진입entry barrier 을 방어할 수 있는 여건이 형성된다.

3) 충성도를 구축하기 위한 전략

- 반복구매 고객에 대한 가격할인 전략
- 브랜드 충성고객들이 서로 교류할 수 있는 커뮤니케이션 전략
- 단골고객을 브랜드 창출이나 서비스 제공과정에 참여시키는 구조형성 전략

(2) 브랜드 파워의 중요성

1) 브랜드 파워란?

• 브랜드 파워brand power는 소비자들이 특정 브랜드에 대해 인식하고 있는 브랜드 명성이다. 브랜드 파워는 현재의 브랜드 가치에 초점을 맞추고 있다.
• 브랜드 자산brand equity은 브랜드 파워에 의해 실현될 수 있는 미래의 이익을 현재의 화폐가치로 환산한 것이다. 따라서 브랜드 자산은 미래의 현금흐름에 기반하고 있다.
• 브랜드 파워는 브랜드 자산을 구성하는 핵심적 요소이다.

▲ 한국능률협회컨설팅

2) 강력한 브랜드 파워의 효과

• 소비자의 높은 브랜드 충성도에 의해 형성된다. 기업의 입장에서 브랜드 아이덴티티를 구축하면 소비자는 브랜드 이미지로 인식된다. 결국 브랜드를 결정짓는 가장 중요한 요소는 기업의 입장에서 좋은 브랜드 아이덴티티를 구축해야 한다.

① 소비자 입장의 브랜드 파워 효과

• 제품탐색비용을 절감해 준다.
• 브랜드는 제품생산자가 고객들에게 한 약속이나 보증을 보여주는 수단이다.
• 브랜드는 기능적 편익을 제공할 뿐 아니라 자아를 표현하는 상징적 수단의
  역할을 한다.
• 브랜드는 제품의 특징들을 소비자들에게 알려주는 역할을 수행한다.

② 기업 입장의 브랜드 파워 효과

• 기업입장에서는 경쟁제품들과 차별화하는 데 유용한 마케팅 수단이 된다.
• 사업의 생존과 지속적 성장을 보장한다.
• 브랜드에 대한 높은 브랜드 충성도를 창출할 수 있다.
• 높은 가격을 책정할 수도 있다.
• 타 경쟁사와 마케팅 차별화도 둘 수 있다.
• 매출증가에 긍정적 효과를 준다

3) 강력한 브랜드를 구축하기 어려운 이유

• 제품과 서비스 시장에서 가격경쟁이 치열해 지고 있다. 많은 기업들이 가격
  에 경쟁시장에서 소비자들을 대상으로 한 가격인하, 저가의 신제품 개발,
  과다한 판매촉진비 지출 등으로 인하여 기존의 형성된 브랜드 파워에 부정
  적인 요소로 작용하고 있다. 이는 또한 브랜드 자산미래의 화폐가치을 만드는데
  장애가 되고 있다.
• 제품과 서비스 시장이 세분화되고 시장경쟁이 심화됨에 따라 다양한 신제
  품과 신상표들이 등장하고 있다. 수많은 신제품의 탄생은 표적세분시장의
  규모를 축소시켜, 그 시장 내의 포지셔닝을 더욱 힘들게 하여 상표의 이익
  을 감소시키게 되는 원인이 된다. 따라서 기업들은 그만큼 브랜드 파워를
  지속적으로 유지하기 힘든 상황에 처해 있다.

• 따라서 브랜드 자산을 구축한 제품과 서비스만이 시장에서 장기적으로 경쟁우위를 차지할 수밖에 없는 상황이다.

▲ 매경출판

2007 Rank	Brand	Country of Origin	Sector	2007 Brand Value (Sm)	Change in brand value
1	Coca-Cola	US	Beverages	65,324	-3%
2	Microsoft	US	Computer Software	58,709	3%
3	IBM	US	Computer Services	57,091	2%
4	GE	US	Diversified	51,569	5%
5	Nokia	Finland	Consumer Electronics	33,696	12%
6	Toyota	Japan	Automotive	32,070	15%
7	Intel	US	Computer Hardware	30,954	-4%
8	McDonald's	US	Restaurants	29,398	7%
9	Disney	US	Media	29,210	5%
10	Mercedes	Germany	Automotive	23,568	8%
11	Citi	US	Financial Services	23,443	9%
12	Hawleft Packard	US	Computer Hardware	22,197	9%
13	BMW	Germany	Automotive	21,612	10%
14	Marlboro	US	Tobacco	21,283	0%
15	American Express	US	Financial Services	20,627	6%
16	Gillette	US	Personal Care	20,415	4%
17	Louis Vuitton	France	Luxury	20,321	15%
18	Cisco	US	Computer Services	19,099	9%
19	Honda	Japan	Automotive	17,998	6%
20	Google	US	Internet Services	17,837	44%
21	Samsung	Republic of Korea	Consumer Electronics	16,853	4%
22	Merril Lynch	US	Financial Services	14,343	10%
23	HSBC	UK	Financial Services	13,563	17%
24	Nescafe	Switzerland	Beverages	12,950	4%
25	Sony	Japan	Consumer Electronics	12,907	10%
25	Pepsl	US	Beverages	12,888	2%

5.2 브랜드 디자인

(1) 로고와 심벌

1) 로고(logo)

- 로고는 그리스어로 언어와 논리라는 뜻의 logos가 어원이다.
- 로고는 브랜드, 상호, 네임을 심벌로 나타내는 글자체이다.
- 로고는 심벌과 로고타입을 포괄하는 개념이다.
- 로고는 기업마케팅과 브랜드 커뮤니케이션에서 매체로서 활용된다.
- 브랜드 네임은 1가지 언어를 사용하여 브랜드화하기 힘들다.
- 그림이라면 다양한 표현으로 브랜드화가 가능하다. 로고는 브랜드 네임이 갖기 힘든 단순성과 유연성 있기에 유용하게 쓰인다.
- 로고에는 기업의 가치와 경영철학이 반영되어 있다.
- 우수한 디자인으로 된 로고는 소비자에게 친근감을 주고 브랜드 품질 보증서의 역할까지 한다.
- 로고는 기업인지도를 향상시키는 역할을 한다.
- 디자인이 훌륭한 로고는 친숙감, 신뢰감, 충성심을 유발시켜 매출과 마케팅 증진에 기여한다.
- '소니 바이오 노트북'의 독특한 '바이오' 로고는 흥미로운 상징이 숨겨져 있다. 'V'와 'A'는 유사체 기호로 디자인 되어 있다. '1'과 '0'은 마치 숫자 '1'과

'0'처럼 보인데, 이는 디지털 2진 코드를 의미한다.

▲ 애플, 맥도날드, 버거킹, 코카콜라

▲ 소니코리아

- 로고 디자인 할 때 가장 중요한 것은 로고가 기업의 특성을 반영할 수 있어야 한다
  는 것이다. 로고를 본 사람들이 든 감정은 기업 가치에 적합한 것이어야 한다.
- 예를 들어 디즈니 로고를 본 사람은 행복을 느낀다. 곡선과 글꼴 등은 어린
  이를 위한 애니매이션을 제작하는 회사에 맞는다.

▲ 디즈니코리아

- 로고의 형태는 다양하다. 로고의 심벌마크를 디자인하거나 인물, 동물, 사물 등을 활용하기도 한다.
- 로고가 탄생되면 그 배경에는 스토리가 따라붙게 마련이다.
- 한국 최초의 등록상표인 동화약품의 부채표는 '종이와 대나무가 서로 합해 맑은 바람을 일으킨다'는 의미를 담아 민족화합에 대한 염원을 담았다. 미국 석유회사 셸Shell의 조개껍데기는 장식용 조개를 극동지역으로 운송하면서 시작된 기업의 탄생 스토리를 표현한다최순화 2015. 2. 8.-2. 9. 중앙SUNDAY.
- 스타벅스, 나이키의 브랜드 로고가 유명해진 것은 기업의 이념과 가치가 녹아 들어가 있기 때문이다.
- 이와는 대조적으로 스토리가 빈곤한 채로 시정에 나온 GAP이 만든 새로운 로고는 소비자들에게 외면당하고 말았다.

SINCE1897

▲ 동화약품

▲ 셸

▲ 스타벅스 코리아

▲ 나이키 코리아

▲ 갭

2) 심벌(symbol)

- 심벌의 어원은 그리스어로 적합하다는 뜻으로 어떠한 의미를 나타내는 형상이다.
- 심벌은 기업이 소비자의 감성에 호소하는 그림패턴으로 된 마크로서 그것이 표상하는 대상과 관련하여 특정한 의미를 전달하게 된다.
- 심벌은 기업의 경영이념이나 경영전략을 시각적으로 상징화 한 것이다. 기업의 이미지와 조화되는 심벌은 소비자에서 신뢰감을 주어 브랜드 이미지를 향상시키는데 도움을 준다.
- 심벌은 브랜드 가치를 보조하고, 브랜드 이미지 창출에 기여한다.

▲ 서울시, 제주시

▲ 삼성, LG, 현대, CJ

(2) 로고타입(logotype)

• 로고타입은 브랜드, 상호, 네임을 심벌로 나타내는 글자체이다.
• 제품의 의미를 전달하기 위해 제품이나 서비스 등을 심벌로서 독특하게 만들어 브랜드처럼 사용하는 분자이다.

(3) 워드 마크(word mark)

- 심벌보다는 문자를 주로 이용한 로고타입으로 심벌의 변형된 명칭이다.
- 워드마크는 기업의 브랜드 네임을 강조한다.

▲ 나라음악큰잔치 촉진위원회

▲ 11번가

5.3 브랜드 시각 아이덴티티

(1) 브랜드 시각 아이덴티티(brand visual identity: BVI)란?

• 로고와 심벌은 대표적인 시각 아이덴티티이다.
• 브랜드의 시각적 아이덴티티는 소비품, 일상용품, 음료수, 인스턴트식품, 프랜차이즈 스토어 등의 인지도를 높여 줄 수 있고, 이익과 자산을 증식시켜 주게 된다.

(2) 브랜드 시각 아이덴티티의 종류

• 브랜드 네임, 트레이드 마크trademark, 심벌마크symbol mark, 로고마크logomark, 지정서체typography, 그래픽디자인, 포장디자인, 광고 등 브랜드 가치와 명성을 인식시키는 시각 이미지를 포함한다.

(3) 트레이드 마크

• 트레이드 마크는 소유권을 위한 표시나 심벌보다는 상품의 특성을 표현한 심벌마크나 또는 소유자의 이름을 사용한 트레이드 마크로 구분하고 있다.
• 기업에 따라서는 추상적 이미지를 시각화하여 트레이드 마크를 예술적으로

만들기도 한다.

• BVI는 상업적 목적 이외에도 인간과 기업, 인간과 사회, 인간과 인간이 상호 교류하고 교감하는 매체로 활용된다.

(4) 슬로건

• BVI로서 슬로건slogan도 중요한 역할을 한다. 슬로건은 브랜드에 대한 기술적이고 특징적인 이념과 요소 등을 단순하고 짧게 표현하는 것을 의미한다.

• 브랜드 슬로건으로서 애플의 'Think Different'는 고객들의 마음 속에 '색다른 제품에 대한 기대감'을 전달해 준다. 나이키의 'Just do it', 코카콜라의 '잘될거야, 친구야, 웃어요', 아웃백 스테이크 하우스의 'No Rules! Just Right', 소니의 'It's Sony' 등은 소비자들에게 호감을 주는 브랜드 슬로건으로 자리매김하고 있다.

▲ 나이키코리아

▲ 한국코카콜라

5.4　브랜드 자산관리

(1) 브랜드 자산이란?

- Aaker1990는 브랜드 자산을 브랜드 이름, 심볼과 관련된 브랜드의 자산과 부채라고 정의하고 있다. 브랜드 자산은 특정 제품과 서비스가 브랜드로 인해 발생되는 마케팅 효과시장점유율, 수익률, 충성도 등을 의미한다.
- 브랜드 자산은 고객의 브랜드 인지도brand awareness와 브랜드 연상brand association으로부터 얻어진다.
- 에이스 침대는 '침대는 가구가 아닙니다. 침대는 과학입니다'라는 창의적인 발상을 통해 강한 브랜드 자산을 쌓아 올려 높은 시장점유율을 차지하게 되었다.

▲ 에이스 침대

- 브랜드 자산이란 브랜드의 이름 및 상징과 관련하여 형성된 자산의 총액에서 부채를 뺀 것이다.
- 브랜드 자산이 높다는 것은 그 브랜드를 부착한 것이 그렇지 않은 경우에 비해 기업과 고객에게 제품의 가치를 증가시키는 경우를 의미한다.
- 브랜드 자산은 소비자의 브랜드 충성도에 의해 창출된다. 소비자가 수많은 손목시계 브랜드 중 애플의 손목시계를 사는 것은 애플 손목시계의 브랜드 이미지가 최고라고 생각하고 있고 그 브랜드를 가지고 있음으로써 자부심 같은 것을 느낄 수 있기 때문이다.

(2) 브랜드 자산의 구성요소

- Aaker1995는 브랜드 자산을 4가지로 분류하고 있다.
    - → 브랜드 애호도brand royalty: 특정 브랜드에 대한 애호도 또는 지속적인 재구매 성향을 말한다.
    - → 브랜드 인지도brand awareness: 고객이 특정 브랜드를 인식recognition하거나 회상recall할 수 있는 능력이다.
    - → 지각된 품질perceived quality: 고객에게 지각된 특정 브랜드의 품질을 의미한다.
    - → 브랜드 연상 차별성brand association differentiation: 고객에게 인식된 다른 브랜드와 차별화되는 브랜드 이미지이다. '맥도날드'는 노란색의 아치, 빅맥 햄버거, 즐거움, 개릭터 등이 연상되어 떠오른다.

▲ 한국맥도날드

(3) 브랜드 자산(brand equity)의 중요성

- 브랜드 자산은 브랜드의 이름 및 상징과 관련하여 형성된 자산의 총액에서 부채를 뺀 것으로서, 브랜드 자산이 크다는 것은 그 브랜드를 부착했을 때 그렇지 않은 경우 보다 기업과 고객에게 제품의 가치를 증가시켜 줌을 의미한다.

- Keller의 정의에 의하면 브랜드 자산은 어떤 제품이나 서비스가 브랜드를 가짐으로써 발생하는 마케팅 효과예를 들면 시장점유율 증대, 수익성 확대 등를 의미한다안광호, 1999.

- 브랜드 자산의 구성요소 및 역할은 동일한 제품이라도 브랜드 유무 여하에 따라 소비자들에게는 큰 차이를 보이기 때문에 기업은 가격, 품질, 그리고 촉진활동 등을 통해 자사 브랜드 자산의 가치를 높이기 위해 노력한다.

- 일반적으로 브랜드 자산은 소비자의 브랜드 충성도에 의해 창출되며, 고객의 높은 브랜드 인지도와 강력하고 호의적인 브랜드 이미지를 통해 구축된다.

- 구체적으로는 브랜드 충성도, 브랜드 인지도, 지각된 품질, 브랜드 연상, 특허, 등록상표 등으로 구성된다.

• 브랜드 충성도는 브랜드 자산의 핵심 구성요소로 소비자가 특정 브랜드에 대해 지니는 애착의 정도를 의미한다.

(4) 브랜드 인지도

1) 브랜드 인지도란?

• 구매자가 어떤 제품군에 속한 특정 브랜드를 알아보게 하는 재인recognition 또는 회상recall할 수 있는 능력을 의미한다.

• 브랜드 인지도는 해당 브랜드와 관련된 연상이미지를 구축하여 그 브랜드에 대한 친밀감을 형성시키고 이를 제품의 품질과 신뢰성으로 연계시켜 소비자에게 구매고려 상품군으로 작용하게 한다.

• 지각된 품질은 제품이나 서비스에 대해 소비자가 가지고 있는 전반적인 품질이나 우수성에 대한 주관적인 지각을 의미한다.

• 이는 자사 제품이 차별화되고, 소비자들이 제품을 구매하는 이유이다. 브랜드 연상은 특정 브랜드와 연계되어 떠올리게 되는 것으로 해당 브랜드와 제품군 그리고 주변 단서 등을 연결하여 장기 기억 속에 보존시킨다.

• 상표권, 특허권 등 브랜드와 관련된 고유 자산들은 소비자와 기업에게 독창적인 가치를 창출시킨다.

2) 브랜드 인지도 확대 방안

• 브랜드 인지도의 확대를 위한 방안에는 크게 4가지가 있다.
→ 브랜드와 관련된 사용상황을 확대시키는 것이다.
→ 브랜드의 재 구매주기를 단축시킨다.
→ 브랜드의 소비빈도와 관련된 습관을 바꿔주는 것이다.
→ 브랜드의 신용도를 개발하는 것이다.

(5) 브랜드가 소비자와 기업에 제공하는 가치

1) 브랜드가 소비자에게 제공하는 가치

- 제품과 브랜드에 관한 많은 정보를 해석, 처리, 저장하는데 도움을 준다.
- 과거의 사용경험이나 브랜드에 대한 친숙함을 통해 구매의사결정에 확신을 심어준다.
- 제품에 관한 지각된 품질이나 브랜드 연상은 제품 사용 만족도를 높여준다.

2) 브랜드가 기업에게 제공하는 가치

- 마케팅 활동의 효율과 효과를 높여준다. 브랜드에 친숙하고 지각된 품질에 반응하는 소비자는 신제품 구매 의도나 품질 등에 우호적 태도를 보이게 된다.
- 소비자는 자신이 선호하는 브랜드의 가격에 덜 민감하기 때문에 높은 마진을 책정할 수 있게 된다.
- 소비자에게 긍정적이고 친숙한 브랜드는 브랜드 확장 및 라이센싱을 통해 기업다각화를 용이하게 해 준다.
- 이미지가 좋은 브랜드를 가진 제품은 중간상에게 최적 제품진열, 공간제공 등의 협조를 하게 만든다.
- 브랜드 명성 등은 소비자에게 제품평가에 대한 긍정적인 영향력을 제공한다.
- 강력한 브랜드 자산은 경쟁자에게 진입장벽으로 작용하여 경쟁우위를 확보할 수 있는 수단을 제공한다잠재적 경쟁자 차단.

(6) 브랜드 자산 활용 전략 브랜드

- 자산 활용 전략은 기업 브랜드 또는 특정 브랜드가 한 제품군에서 성공을 거둔 다음 그 브랜드를 연속 사용하는 우산브랜드_{한 브랜드가 크고 넓은 우산 역할}_{을 수행함을 의미} 전략과 확장이 가능한 제품군들의 범위를 사전에 결정하고 공동으로 적용할 수 있는 브랜드를 개발하는 범위브랜드 전략으로 구분된다.

1) 우산브랜드(umbrella brand) 전략

- 우산브랜드 전략은 하나의 기업 브랜드를 다양한 컨셉과 포지셔닝을 지닌 개별 제품군에 포괄적으로 사용하는 것을 의미한다.
- 예를 들어 '야마하'라는 브랜드는 모터사이클, 피아노, 기타 등 다수의 제품에 부착되어 상이한 시장에서 판매되고 있다.
- '미쯔비시' 브랜드 역시 은행, 자동차, 가전제품 등 다양한 제품에 사용되고 있다.

① 우산브랜드 전략의 장점

- 단일 브랜드를 자산화 할 수 있다.
- 신규 시장에 진입할 때 비용절감 효과가 있다.
- 신제품을 기존브랜드에 부가시켜 브랜드의 핵심컨셉을 확장, 강화할 수 있다.
- 강력한 기업 브랜드 의미를 제품에 부여할 수 있어 이질적인 제품을 포용할 수 있다.

② 우산브랜드 전략의 단점

- 시장 수요를 간과한 채 브랜드 인지도 만으로 우산브랜드 전략을 통해 사업 다각화를 추구하려는 위험에 빠질 수 있다.
- 브랜드가 상이한 제품군으로 확장될수록 기업 이미지는 애매모호해 진다.

- 모든 품질, 제품에 적용하려고 시도함으로써 브랜드 기반 자체가 위협을 받을 수 있다.
- 따라서 서로 다른 제품들은 보통 이질적으로 인식되는 경향이 있으므로, 우산브랜드 전략에 의한 브랜드 인지도만으로는 제품의 성공을 보장할 수 없다.

2) 범위브랜드(range brand) 전략

- 범위브랜드는 제품, 품질, 소비자 편익 등 특정 기준에 따라 성능이 유사한 제품을 결속하는 브랜드를 의미한다.
- 예를 들어 삼성전자의 '지펠' 브랜드는 냉장고의 개별 브랜드로 출발하여 그 성공을 바탕으로 세탁기 등 관련제품으로 브랜드 확장을 시도함으로써 고급스러운 이미지라는 가전제품 범위브랜드가 되었다.
- 자동차용 에어컨을 생산하는 만도공조는 산업용 에어컨 기술을 이용하여 가정용 에어컨 시장에 진출하였다. 그러나 만도공조는 일반 소비자에게 생소한 기업이었기에 '위니아'라는 신규 브랜드를 개발하고 사명을 위니아 만도로 바꾸었다. 또한 '위니아' 브랜드의 명성을 바탕으로 '딤채'라는 김치 냉장고 제품을 개발하여 성공적인 브랜드 확장을 이루었다.

① 범위브랜드의 장점
- 여러 브랜드 중에서 브랜드 의미를 가장 잘 표현할 수 있는 구체적 제품브랜드에 기업의 자원을 집중할 수 있다.
- 기존 브랜드의 인지도를 기반으로 하므로 마케팅 및 광고비용을 줄일 수 있고, 관련성이 높은 유사 제품으로 브랜드 확장이 용이하다예: 지펠.

② 범위브랜드의 단점
- 제품 확장에 따라 브랜드 희석효과가 나타날 수 있다. 즉, 브랜드 간 차이를 구분하는 기분이 명확하지 않은 경우 제품 간 결속력이 떨어져 브랜드 파워

가 약화될 수 있다.

• 유사한 제품군에 대해 하나의 커뮤니케이션을 적용하기 때문에 시장세분화를 통한 제품 차별화가 어려울 수 있다.

• 범위브랜드를 구축할 때는 개별 브랜드로 출발하여, 그 개별 브랜드의 성공을 바탕으로 관련성 있는 다른 제품군으로 브랜드 확장을 추진하는 것이 유리하다'지펠', '위니아' 및 '딤채'의 예.

5.5 브랜드 커뮤니케이션

(1) 브랜드 커뮤니케이션(brand communication) 이란?

• 브랜드 커뮤니케이션은 브랜드의 아이덴티티를 수립하고 브랜드 포지셔닝을 통해 브랜드의 이미지를 고객에게 각인시키려는 활동을 말한다.

| 브랜드 커뮤니케이션 과정 |

1) 브랜드 아이덴티티(brand identity)

• 브랜드 아이덴티티는 기업이 목표고객에게 심어주길 원하는 바람직한 연상을 말한다.
• 즉, 브랜드 아이덴티티는 소비자에게 제시되어야 할 브랜드의 모습이다. 목표, 비전인 것이다.

2) 브랜드 포지셔닝(brand posoining)

- 브랜드 포지셔닝은 고객에게 인식시키고 싶은 이미지를 강조하는 것이다.
- 즉, 브랜드를 전략적으로 경쟁 브랜드와 차별화시켜 어떤 위치를 차지해야 할 것인가를 정하는 것이다.

3) 브랜드 이미지(brand image)

- 브랜드 이미지는 소비자들이 브랜드를 어떻게 인식하고 있는가를 형상화 한 것이다.
- 즉, 소비자들에게 실제로 보여지고 있는 브랜드의 모습이다.
- 브랜드 커뮤니케이션은 브랜드 포지셔닝과 더불어 브랜드 이미지를 형성하는 방법의 효과성을 결정하는데 중요한 역할을 한다.

(2) 브랜드 커뮤니케이션 수단

- 브랜드 아이덴티티는 어떠한 커뮤니케이션 채널과 방법을 통해 소비자들에게 전달되는가에 따라 브랜드 이미지의 지각형태와 강도가 달라지기 때문에 중요하다.
- 그러므로 브랜드 제품의 특성, 네임, 심벌, 공간, 광고, 판매촉진, 이벤트, PR 등과 같은 모든 수단을 통합적으로 기획하고 관리하는 과정이 필요하다.
- 특히 이런 과정은 대부분 시각물을 중심으로 이루어지고 있다.
- 매장이나 점포의 연출, 인테리어, 포장, 디스플레이 등을 포함한 공간연출이 브랜드 커뮤니케이션의 핵심적인 수단이 된다.
- 브랜드 이미지를 효과적으로 전달하기 위한 공간 커뮤니케이션의 방법으로 기업 브랜딩, 복합공간, 선도매장, 안테나 숍, 체험관, 소비자 혜택공간의 5가지로 분류할 수 있다.

▲ 티파니 매장

(3) 코카콜라의 커뮤니케이션 비법

• 젊은 사람에게 말하라. 예컨대 아이들의 마음 속에 브랜드와 사랑에 빠지게
  제품을 만든다.
• 소비자의 감성에 호소한다. 소비자의 가슴을 자극해야 한다.
• 자주 말해야 한다. 선도 브랜드들은 TV광고를 일주일에 한 번 모든 소비자
  가 볼 수 있도록 자주 노출시킨다.
• 일관성이 있어야 한다. 브랜드가 소비자를 혼란하게 한다면 소비자는 브랜
  드에 충성하지 않는다. 브랜드의 핵심가치를 항상 고수해야 한다.
• 적정한 매체를 통해 말하라. 코카콜라의 비법은 멀티미디어 접근방식에 있
  다. 인쇄물, 라디오, 스폰서십, TV, 인터넷 등 다양한 매체를 활용한다.

Story Subject 이야기 거리

01. 브랜드 충성도(brand royalty)란 무엇인가?

02. 고객의 입장에서 '다른 브랜드로 옮겨 타는 전환비용이 크다'는 무슨 의미인가?

03. '매장에서의 레버리지 효과를 누린다'와 브랜드 충성도와는 어떤 관계가 있는가?

04. 어느 특정 브랜드에 대한 충성도 있는 고객들의 지속적인 구매로 다른 경쟁자의 진입을 방어한 예를
    찾아보자.

05. 브랜드 파워란 무엇인가?

06. 브랜드 파워(brand power)와 브랜드 자산(brand equity)은 어떻게 다른가?

07. 강력한 브랜드를 구축하기 힘든 이유를 논해보자.

08. 로고(logo)란 무엇이며 왜 필요한지를 설명해보자.

09. 로고에는 어떤 이념과 가치를 담아야 하는가?

10. 잘된 로고와 잘못된 로고의 사례를 들어 이유를 분석해보자.

11. 심벌(symbol)의 어원과 개념을 살펴보자.

12. 심벌의 효과에는 어떤 것들이 있나?

13. 로고타입(logotype)이란 무엇인가?

14. 워드마크(wordmark)는 로고타입과 무엇이 다른지를 논해보자.

15. 브랜드 시각 아이덴티티(brand visual identity: BVI)의 중요성은 무엇인가?

16. BVI에는 어떤 것들이 있는지 열거해보자.

17. 트레이드 마크(trade mark)란 무엇인지 설명해보자.

18. 슬로건(slogan)과 VMI와는 어떤 연관관계가 있는지를 논해보자.

19. 브랜드 자산(brand equity)에는 어떤 것들이 있나?

20. 브랜드 자산은 브랜드 인지도와 브랜드 연상에 의해 얻어진다고 한다. 왜 그럴까?

21. 브랜드 자산의 구성요소를 논해보자.

22. 브랜드 자산의 구성요소로서 브랜드 인지도와 지각된 품질의 차이점을 논해보자.

23. 브랜드 커뮤니케이션이 왜 중요한지 설명해보자.

24. 브랜드 커뮤니케이션 과정을 그려보면서 누가 누구에게 커뮤니케이션 하는지에 대해 생각해보자.

25. 브랜드 포지셔닝(brand positioning)이란 무엇인가?

26. 브랜드 커뮤니케이션 수단에는 어떤 것들이 있고, 각 수단의 커뮤니케이션에서의 역할이 무엇인지 음미해보자.

Part

01 02 **03** 04 05 06

Service Brand Marketing

서비스 산업의 경쟁전략

제 6 장
서비스 기업의 전략

6.1 서비스 기업의 전략

(1) 서비스 기업의 목표와 전략이란?

- 경영에서 전략이란 기업의 경영목표를 효과적으로 달성하기 위해 필요한 자원의 배분, 적절한 수단의 선택과정이라고 할 수 있다.
- 전략계획이란 기업을 둘러싸고 있는 환경의 변화를 다각적이고 종합적으로 분석하고, 기업의 성장과 발전을 위해 방향을 설정해 나가는 과정이다.
- 전략은 ① 기업, 사업부, ② 제품·브랜드 관련전략으로 대별된다.
- 마케팅 전략은 주로 제품·서비스 관련 전략이다. 마케팅 전략은 시장을 작은 집단으로 구분하여 목표시장을 선정하고, 각 시장에 맞는 마케팅 믹스를 통해 소비자에게 제품 또는 서비스의 이미지를 심어주는 과정이다.

(2) 전략수립 과정

- 어느 항공사가 세계 50대 브랜드로 진입하려는 목표를 설정했다고 하자. 이 항공사의 각 사업부는 이 같은 목표를 달성하기 위한 전략을 세워야 한다.
- 기업의 브랜드 가치를 높이기 위해서는 첫째, 구미노선의 승객 수송량을 전년 대비 20%를 증가시키고, 둘째, 마케팅 예산을 15% 늘려 해외언론에 광고하는 구체적인 전략을 세울 수 있다.

• 사업부별로 세부 전략을 세워 이런 회사의 목표를 만족시키기 위해 실천계
  획을 세워 전략을 집행하게 된다.

6.2 서비스 기업의 전략이 왜 필요한가?

- 서비스 비즈니스가 성공하기 위해서는 전략이 필요하다.
- 무형의 특성을 가지고 있는 서비스 비즈니스는 제품 비즈니스와는 차별화 된 전략이 요구된다.
- 차별화 전략은 가격, 품질, 서비스의 질, 광고 등의 분야에서 수립될 수 있다.

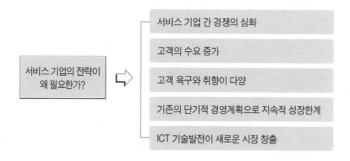

서비스 기업의 전략이 왜 필요한가? ⇨
- 서비스 기업 간 경쟁의 심화
- 고객의 수요 증가
- 고객 욕구와 취향이 다양
- 기존의 단기적 경영계획으로 지속적 성장한계
- ICT 기술발전이 새로운 시장 창출

서비스 기업의 특징 및 한계	⇨	기업 규모가 작아 대규모 구매자 또는 공급업자와의 협상에 불리함
		가족기업, 개인적 취향기반 서비스 기업들이어서 경쟁이 심하고, 수익성이 낮음
		생산과 소비가 동시에 이루어지므로 고객이 서비스 회사를 방문하거나, 서비스 회사가 고객을 찾아가야 하는 등 '규모의 불경제 현상'이 일어남
		제조업에 비해 적은 자본금으로 회사설립을 할 수 있으므로 경쟁자가 많아 실패의 가능성이 높음

규모의 불경제란?	⇨	'배보다 배꼽이 더 크다'와 같이 '정상'이 아닌 상황
		기업의 규모가 너무 커서 경영자의 능력을 넘어서 효율성을 잃게 되는 현상
		기업이 생산 규모를 확대 시킬 때 규모를 키운 만큼 생산성이 증대되지 않고, 오히려 감소하는 현상
		투입 단위당 산출이 감소하거나 산출 단위당 장기 평균 비용이 증가
		제조업에 비해 적은 자본금으로 회사설립을 할 수 있으므로 경쟁자가 많아 실패의 가능성이 높음
		'승자의 저주'의 대표적인 예로 M&A 과정을 들 수 있음
		즉, 어떤 기업이 인수에는 성공했지만 고가(高價)로 인수한 부작용으로 모기업이 경제구조가 흔들리게 됨

6.3 서비스 기업의 전략계획 과정

(1) 비전과 이념 설정

- 전략계획 과정은 서비스 기업의 비전과 이념을 우선적으로 제시한다.
- '현대 모비스'의 이념체계는 '과거와 현재, 그리고 미래를 아우르는 거대한 설계 도구이자 구심점'이다.
- '빙그레'의 비전은 '건강과 행복을 함께 나누는 밝은 미소의 메신저'이다.

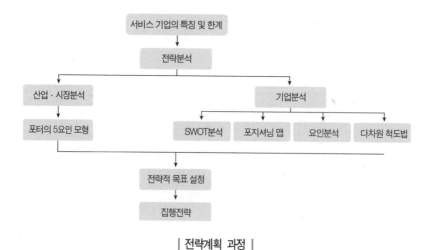

| 전략계획 과정 |

(2) 전략분석 단계

1) 비전과 이념 설정

- 서비스 산업의 전략은 서비스 산업의 성장과 수익성에 영향을 미친다.
- 서비스 기업이 생존하려면 해당 서비스 기업이 서비스를 차별화하는 비전을 구축하지 않으면 안 된다.
- 서비스 기업이 성공하기 위해서는 기업주변을 둘러싼 환경분석을 통해 기회와 위험 등에 대처하는 전략을 세워야 한다.

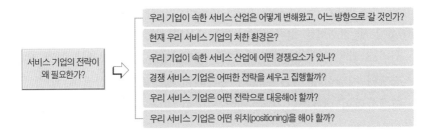

2) 전략분석(외부환경 분석 포터의 5요인 모형)

- 마이클 포터Michael Porter의 5요인 모형은 산업의 시장구조를 설명하고, 비교 분석을 통해 분석의 틀로 활용한다.
- 서비스 기업은 이와 같은 시장구조를 분석하고, 이를 성공하기 위해서는 어떤 전략이 필요하고, 집행해야 하는지를 판단한다.

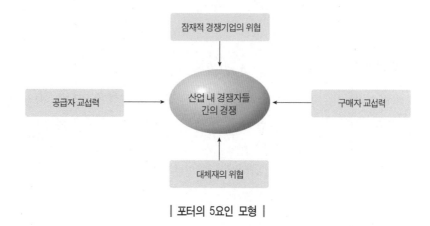

| 포터의 5요인 모형 |

① 산업 내 경쟁자들 간의 경쟁(포터의 5요인 모형)
• 서비스 업종에서 경쟁수준은 기존 경쟁기업들 간의 경쟁에 의해 정해진다.
• 경쟁이 치열하게 되면 비용이 증가되어 경쟁력이 상실될 수 있다.
• 경쟁산업의 대표적인 예로 케이블 방송, 이동통신사, 자동차산업 등이다.

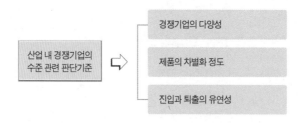

② 잠재적 경쟁기업의 위협(포터의 5요인 모형)
• 잠재적 경쟁자는 아직 서비스 산업시장에 존재하지 않지만, 새로이 진입해들어 올 가능성이 높은 기업을 의미한다.
• 시장 진입을 어렵게 만드는 가장 큰 요소는 규모의 경제이다.

• 대형 마트, 백화점, 프렌차이즈 레스토랑의 경우 일정 규모 이상으로 유지하지 않고서는 원가면에서 이들 대형 서비스 기업과 경쟁할 수 없다.

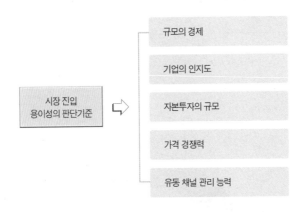

③ 공급자의 교섭력(포터의 5요인 모형)

• 공급자는 원자재나 부품을 공급하는 기업을 말한다. 예로서 한국전력, 도시가스, 상·하수도 등을 들 수 있다.
• 공급자들도 교섭 능력이 강할 때 가격을 높임으로써 이윤을 상승시킨다.
• 반면, 구매자의 교섭력이 높을수록, 시장의 수익성은 감소할 가능성이 있다.

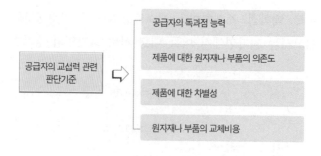

④ **구매자의 교섭력**

• 구매자는 상품을 구매하는 고객이나 유통업 관련 기업을 뜻한다.

• 해당 제품의 차별화가 심할수록 구매자는 높은 가격을 지불하더라도 자신이 선호하는 제품을 구입하게 된다.

• 교섭력이 강한 구매자들은 서비스 기업에게 가격인하, 서비스 품질개선 등을 요구한다.

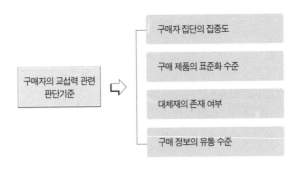

구매자의 교섭력 관련
판단기준

구매자 집단의 집중도

구매 제품의 표준화 수준

대체재의 존재 여부

구매 정보의 유통 수준

⑤ 대체재의 위협

• 대체재란 고객들의 해당 서비스 산업의 상품과 유사하다고 인식하는 대체
품을 말한다.

• 구매자가 지금 제공받고 있는 서비스 대신 대체품을 얼마나 용의하게 찾을
수 있느냐에 따라 산업 내 경쟁구도가 달라진다.

• 비슷한 유용성을 가진 한 재화의 수요가 늘면 다른 재화의 수요는 줄어들게
된다.

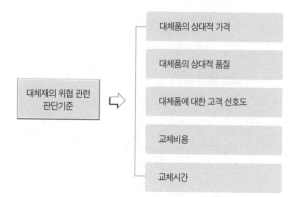

대체재의 위협 관련 판단기준	⇨	대체품의 상대적 가격
		대체품의 상대적 품질
		대체품에 대한 고객 선호도
		교체비용
		교체시간

▲ 소고기 VS. 돼지고기

▲ 녹차 VS. 커피

▲ 콜라 VS. 사이다
▲ 한국코카콜라

⑥ 포터의 5요인 모형의 호텔 서비스업 적용

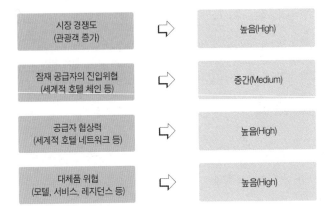

(3) 기업분석

1) SWOT 분석

① SWOT 분석이란?

- SWOT은 Sstrength=자사의 강점, Wweakness=자사의 약점, Oopportunity=기회 요소,
  Tthreat=위협 요소의 약자이다.
- SWOT 매트릭스를 채워가면서 자사의 강점과 약점, 외부적인 측면의 기회
  와 위협요소를 평가한다.
- SWOT 매트릭스를 분석하면서 자사의 강점을 활용한 사업 기회를 확보하고,
  위협에 대한 대안을 수립한다.

② 음악서비스 이벤트의 SWOT 분석(예)

강점(Strength)	약점(Weakness)
• 국내에서 하는 국제적 규모의 음악학교와 같이 운영되는 음악제 • 대관령 국제음악제 상주악단인 세종솔로이스트의 높은 국내외의 인지도 • 세계적인 음악제에서 활동하고 있는 교수진에 대한 높은 호감도	• 대관령 국제음악제(장소성) • 전문 콘서트 홀 등의 인프라 미흡 • 저예산과 전문 인력 미비
기회(Opportunity)	위협(Threat)
• 휴양지에서 벌어지는 음악서비스의 향연 • 여름 휴가철의 관광객 흡수 효과 • 강원도에서 벌어지는 국제음악제에 대한 세계인의 관심 고조	• 지리적으로 수도권과 이격 • 행사장 주변의 인프라 미흡 • 전문 분야에 대한 대중들의 관심 부족 • 비슷한 시기의 다수 페스티벌 존재

③ SWOT 분석 매트릭스

		내부환경요인	
		강점 (Strength)	약점 (Weakness)
외 부 환 경 요 인	기회(Opportunity)	SO 기업의 내부 강점과 외부 기회 요인을 극대화	WO 외부 기회를 이용하여 내부 약점을 강점으로 전환
	위협(Threat)	ST 외부 위협을 최소화하기 위해 내부 강점을 극대화	WT 내부 약점과 외부 위협을 최소화

④ SWOT 분석과정

```
┌─────────────────────────────────────────────────────────┐
│ 기업 프로필 분석: 목표, 경쟁 상황, 비전 등 분석              │
└─────────────────────────────────────────────────────────┘
                          ⇩
┌─────────────────────────────────────────────────────────┐
│ 외부 환경분석: 경쟁여건, 시장구조, 경제, 기술, 사회          │
└─────────────────────────────────────────────────────────┘
                          ⇩
┌─────────────────────────────────────────────────────────┐
│ 기회 · 위협 요인 도출: 기회(Opportunity)요소와 위협(Threat)요소 도출 │
└─────────────────────────────────────────────────────────┘
                          ⇩
┌─────────────────────────────────────────────────────────┐
│ 내부 여건분석: 재무상태, 마케팅, 연구개발관리               │
└─────────────────────────────────────────────────────────┘
                          ⇩
┌─────────────────────────────────────────────────────────┐
│ 강점 · 약점 요인 도출: 강점(Strength)과 약점(Weakness) 도출 │
└─────────────────────────────────────────────────────────┘
                          ⇩
┌─────────────────────────────────────────────────────────┐
│ SWOT 분석표 도출: 위 단계를 종합하여 SWOT 분석표 도출       │
└─────────────────────────────────────────────────────────┘
```

⑤ E-Shopping 기업의 SWOT 분석(예)

강점	약점
• E-Shopping 전문 콘텐츠 개발능력 • 신기술의 접목 가능 • 저렴한 마케팅 비용	• 영업전략적 사고의 미흡 • 전문 인력 부족 • 마케팅 능력 부족 • 경쟁 치열
기회	위협
• 강한 웹 디자인 기술력 • E-Shopping에 대한 지식과 경험 축적 • 다수의 명성 있는 브랜드 제품사 네트워킹 • 온라인 쇼핑 시장 확대	• 재무자원의 부족 • 상대적으로 명성이 낮은 브랜드 • 전문 인력의 부족 • 경기침체 트랜드의 계속

2) 포지셔닝 맵(positioning map)

① 포지셔닝 맵이란?

- 포지셔닝 맵은 고객에게 자사가 제공하는 서비스에 대해 차별적 위치를 인식시켜주는 분석 방법이다.
- 주요 요인들에 대하여 자사의 서비스가 다른 기업의 서비스와 비교하여 상대적으로 어떤 포지션을 차지하고 있는지 알아보는 방법이다.

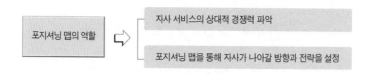

② 포지셔닝 맵 구축과정

- KTX 서비스를 제공하는 KORAIL이 서울-부산 간 경쟁 교통수단인 항공과 고속버스와의 상대 비교를 통해 포지셔닝 한다고 하자.
- 이 경우 포지셔닝 맵 구축과정은 다음과 같다.

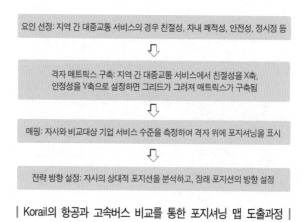

| Korail의 항공과 고속버스 비교를 통한 포지셔닝 맵 도출과정 |

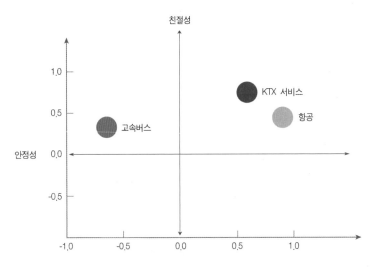

| 포지셔닝 맵에서 서비스 요인별 경쟁사의 포지셔닝 |

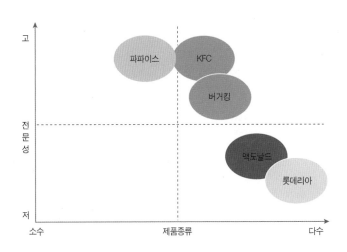

| 패스트푸드 전문점의 포지셔닝 맵 |

3) 요인분석

① 요인분석 과정

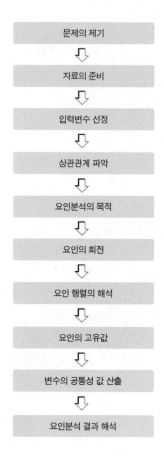

- 요인분석은 변수들 간의 관계를 분석하여 공동 차원들로서 축약하는 통계 기법이다.
- 요인분석의 목적은 다수의 변수들의 정보 손실을 최소화하면서 소수의 요인들로 축약되게 한다.

② 요인분석 예제

• 대중교통 서비스 예제에서 다양한 변수들로 인해 전체 대중교통서비스의 속성을 파악하기 힘들 때 변수들을 몇 개의 집단으로 묶어서 요인화시킨다.
• 이렇게 하면 보다 축약된 명료한 요인을 토대로 서비스를 평가할 수 있는 기반이 마련된다.

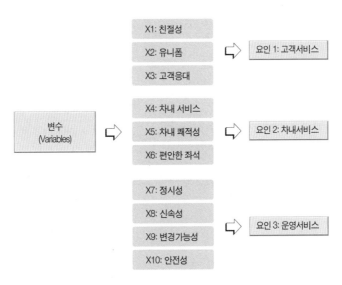

| 변수들이 요인으로 묶이는 과정 |

4) 다차원 척도법(multi dimensional scaling: MDS)

① 다차원 척도법이란?

• 다차원 척도법은 여러 차원으로 측정된 관찰대상들의 관계를 2차원 혹은 3차원 공간으로 시각화시켜 주는 기법으로 자사의 상표브랜드의 위치와 경쟁관계를 파악한다.

- 쿠르스 칼Kruska의 스트레스 값을 활용하면 응답자의 인식과 지각도 맵상 자극점들 간의 불일치 정도를 나타내 준다.
- 응답자들의 인식하고 있는 실제거리hij와 다차원 척도법으로 추정된 거리dij 간의 차이의 크기를 나타내는 지표이다.

$$S = \sqrt{\dfrac{\displaystyle\sum_{i=1}^{n}\sum_{j=1}^{n}(h_{ij}-d_{ij})^2}{\displaystyle\sum_{i=1}^{n}\sum_{j=1}^{n}h_{ij}^2}}$$

h_{ij}: 응답자가 인식하고 있는 자극점 i와 자극점 j사이의 거리
d_{ij}: 다차원척도법으로 추정하고자 하는 자극점 i와 j간의 맵상 거리
n: 자극점의 수

| 크루스칼(Kruskal)의 스트레스값 |

② MDS에 의한 2차원 위상지도
- 프로그램에 의해 추정된 맵 상의 거리dij와 응답자들이 평가한 자극점들 간의 비유사성, 즉 마음 속으로 인식하고 있는 거리hij 간의 오차가 작을수록 스트레스 값S은 줄어 들어 서로가 완벽하게 일치하게 되면 0에 가까운 값을 갖게 된다.

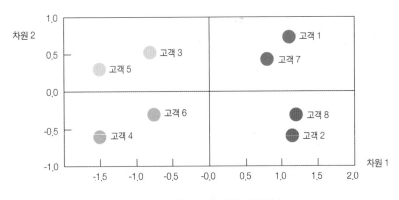

| MDS에 의한 2차원 위상지도(예) |

6.4 규모의 경제

(1) 규모의 경제란?

- 투입량을 증가시킬 때 산출량이 투입 증가비율 이상으로 증가하는 것을 의미한다.
- 산출량이 증가할수록 단위당 투입 비용이 비례 이상으로 감소하는 현상을 뜻한다.

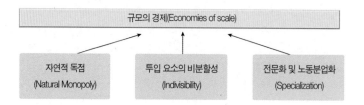

(2) 규모의 경제의 특징

1) 자연적 독점(natural monopoly)

- 예를 들어 전력, 통신 산업은 기술상의 특징 때문에 하나의 기업이 전국의 전력과 통신의 네트워크를 운영하는 것이 효율적이다.

2) 투입 요소의 비분할성(indivisibility)

- 생산에 필요한 투입 요소를 일정량 이하로는 구매할 수 없는 경우를 의미한다. 예를 들어 트럭은 한 대 또는 두 대를 구입하는 것이지 트럭을 1/3을 구입할 수 없다.

3) 전문화 및 노동 분업화(specialization)

- 대량생산체제는 많은 투입 요소를 필요로 하고 이는 개별 생산활동에서 전문화를 촉진시킨다.
- 전문화로 인한 규모의 경제는 전통적인 조립생산체제의 산업에서 두드러지지만, 지식 및 정보 집약적인 산업에서도 나타난다.
- 규모의 경제는 소수의 기업만이 살아남을 수 있기에 산업의 집중도는 점차 높아진다.

(3) 규모의 경제 사례

▲ 이마트

▲ 현대백화점

▲ 코스트코

▲ 아웃백

01. 서비스 기업에서 전략이 왜 필요한지를 생각해보자.

02. 서비스 기업의 특징과 한계에는 어떤 것들이 있는지 논해보자.

03. 서비스 산업과 관련하여 규모의 불경제현상이 일어나는 사례를 열거해보자.

04. 서비스 기업에서 왜 규모의 불경제가 일어나는지에 대해 고민해보자.

05. 서비스 기업에서의 전략계획 과정을 그림을 그려서 설명해보자.

06. 포터(Porter)의 5요인 모형에서 5요인을 설명하고, 서비스 기업에 어떻게 적용되는지 분석해보자.

07. 서비스 산업 내에서 경쟁기업의 예를 산업별로 들어보자.

08. 서비스 시장의 진입용이성을 판단하는 기준에 대하여 논해보자.

09. 서비스 시장에서 규모의 경제가 발생할 때 자연적 독립, 투입요소의 비분할성, 전문화 및 노동분업화에 대해 자세히 분석해보자.

10. 공급자의 교섭력에 대한 판단기준을 고려해보자.

11. 구매자의 교섭력에 대한 판단기준을 고려해보자.

12. 대체재란 무엇이고, 대체재의 위협에 관한 판단기준을 열거해보자.

13. SWOT 분석과정을 논하고, 강점, 약점, 위협, 기회에 대해 사례를 들어 정리해보자.

14. e-shopping 기업을 하나 선택하여 SWOT 분석을 실시해보자.

15. 서울시내 면세점들을 대상으로 포지셔닝 맵을 구축해보자.

16. 고객의 복합몰 서비스에 대한 만족도를 평가하기 위해 요인분석을 하고자 한다. 요인분석법을 적용하는 과정을 구체적으로 시행해보자.

17. 다차원 척도법을 이용하여 환자들의 병원서비스에 대한 평가를 하고자 한다. 다차원 척도법을 적용하는 절차를 논해보자.

18. 고객과 공급자 간의 접점서비스, 공급자방문서비스, 고객과 공급자 간의 원격서비스의 유형을 각각 열거해보자.

19. 주요 서비스산업의 핵심서비스와 부가서비스를 고찰해보자.

20. E-service의 유형에는 어떤 것들이 있는지를 논해보자.

21. E-service의 갭(gap)모델에 대하여 설명해보자.

제 7 장
서비스 기업의 경쟁관리 전략

7.1 서비스의 경쟁적 환경

서비스 분야의 경쟁적 환경은 다음과 같은 특징을 지닌다.

- 시장 진입장벽이 낮다. 서비스에 대한 특허권을 소유하기 힘드므로 새로운 서비스산업이 시장에 나타나면 경쟁자는 쉽게 따라 할 수 있다.
- 수요의 변동이 심하다. 서비스의 특성상 수요예측이 힘들다.
- 규모의 경제를 이루어 나가기가 쉽지 않다. 서비스는 생산과 서비스가 동시에 일어나기 때문에 시장의 크기가 작아 규모의 경제를 실현하기 힘들다. 그러나 프랜차이징을 통한 공동구매나 광고 등을 통해 규모의 경제를 얻을 수도 있다. ICT의 발전에 힘입어 시공간 제약이 없어져 e-shopping 등 e-commerce 분야에서도 규모의 경제가 나타나고 있다.
- 제품이 서비스를 대체하고 있다. ICT가 접목된 신제품이 서비스를 대체하고 있다. 예컨대 구청에 민원 등 행정서비스를 받기 위해 반드시 구청을 방문해야 했으나 이제는 일부 민원서비스를 컴퓨터 단말기나 모바일 핸드폰을 구입하여 구청에 가지 않고 일을 볼 수 있다.

7.2 서비스 경쟁 전략

- 시장이 성숙되어 가면 시장의 한정된 규모를 둘러싼 기업 간의 경쟁은 치열해 진다.
- 서비스 목표가 구체화되면 이 목표를 현실로 옮기기 위한 전략을 구체화시켜야 한다.
- 서비스의 경쟁 전략에는 기본 경쟁 전략, 경쟁우위 지속 전략, 제품–서비스 통합 전략, E–service 전략의 4가지 유형이 있다.

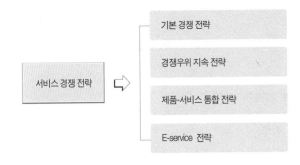

(1) 기본 경쟁 전략

1) 마이클 포터의 기본 경쟁 전략이란?

- 마이클 포터의 기본 경쟁 전략이란 원가우위 전략, 차별화 전략, 집중화 전략의 3개 전략을 말한다.
- 서비스 시장에서 기업들과 경쟁하고, 경쟁에서 살아남으려면 기본적인 경쟁 전략을 수립해야 한다.
- 서비스 기업에게 주어진 기본 경쟁 전략은 남들보다 저렴한, 뛰어난, 우수한 것만 골라서 서비스하는 전략이라고 할 수 있다.

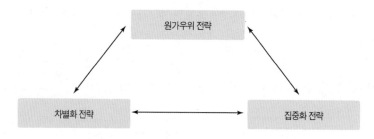

| 마이클 포터의 기본 경쟁 전략 |

2) 기본 경쟁 전략의 유형

① 원가우위 전략

- 서비스 기업이 가급적 낮은 생산원가를 유지함으로써 가격을 낮추고, 대량 판매를 유도하는 전략이다.
- 이 전략은 시장에서 원가 측면의 경쟁업체를 물리치고 선두주자가 된다는 것이다.
- 시장표준가격으로 판매하되 비용을 절감해 이윤을 높인다.

- 시장표준보다 저렴한 가격에 판매해 시장점유율을 높인다.
- 가격인하는 매출증가로 이어져 이윤을 지속적으로 유지시킨다.
- 원가우위 전략을 택한 서비스 기업으로는 이마트, 홈플러스와 같은 대형 마트와 맥도날드, 롯데리아와 같은 패스트푸드점 등을 예로 들 수 있다.
- 서비스 원가를 줄이고, 서비스 가격을 낮추기 위해서는 규모의 경제Economies of scale 효과를 가져올 수 있는 시설을 구축해야 한다.
- 지속적으로 원가우위 전략을 지키려면 비용을 줄이기 위한 방법을 꾸준히 모색해야 한다.

원가우위 전략 사례

- 피자업계의 선두주자인 피자헛과 경쟁하기 위해 리틀시저스 피자는 원가 효율성 전략으로 복잡성과 다양성 감소 전략으로 성공한 사례이다.
- 운영상의 복잡성을 줄이기 위해 픽업 및 배달서비스만을 제공하고 있다.
- 픽업 및 배달서비스주방 설비의 특징을 살려 임대료가 저렴한 지역에 입지함으로써 원가효율성을 높이게 된다. 예로서 주유소 내, 대형 마트 내, 지하철 입구 등에 매장을 운영한다.
- 피자의 제한적인 토핑 재료, 메뉴 아이템 축소, 고객들에게 쿠폰 및 특별 할인을 제공한다.

▲ 피자헛

▲ 리틀시저스 피자

원가우위 전략의 세부 전략

원가우위 전략의
세부 전략

⇨

규모의 경제 효과를 지닌 서비스 시설 구축

철저한 원가관리와 간접비 관리

단위당 비용을 줄이는 시설의 입지와 내부배치

고객 접촉 지점의 최소화

고객서비스의 표준화

분업과 직무 전문화

온라인 서비스의 활용

첨단서비스 기술의 도입(예약, 발권 등의 신기술)

② **차별화 전략**

* 차별화 전략은 경쟁사의 서비스와는 뚜렷이 구별되는 서비스를 제공함으로써 경쟁우위를 확보하고자 하는 전략이다.
* 표준화된 서비스 대신 차별화된 서비스를 제공하는 전략을 말한다.
* 다양한 서비스, 우수한 디자인과 품질 등으로 자사 서비스 상품을 차별화시키는 전략이다.

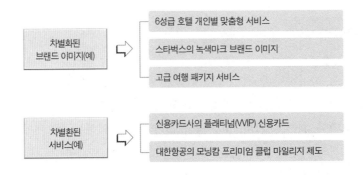

차별화된 브랜드 이미지(예)
⇨
- 6성급 호텔 개인별 맞춤형 서비스
- 스타벅스의 녹색마크 브랜드 이미지
- 고급 여행 패키지 서비스

차별환된 서비스(예)
⇨
- 신용카드사의 플래티넘(VVIP) 신용카드
- 대한항공의 모닝캄 프리미엄 클럽 마일리지 제도

차별화 전략을 위한 필요조건

- 연구개발과 혁신
- 최고의 서비스를 제공할 수 있는 능력 배양
- 우수한 브랜드이미지의 구축
- 영업과 마케팅으로 해당 시장에서 서비스의 포지셔닝
- 차별화된 서비스 특징, 기능성, 고객지원체계 등의 구축

차별화 전략 사례

- 6성급 호텔
  → 고객 하나하나를 기억하는 객실과 욕실서비스 제공
  → 객실 온도·비데 온도까지도 고객 맞춤형 서비스 제공
  → 고객이 원하는 커피, 고객의 감성까지도 기억하는 마케팅 전략
  → 고객의 마음을 사로잡는 차별화된 맞춤서비스 제공
  → 고객이 원하면 메뉴에도 없는 식사 주문서비스 제공
  → 고객의 취미에 맞춘 전문가 투어 일정ex. 미술관, 골프, 승마 등 마련

- STARBUCKS COFFEE 스타벅스

  → 다국적 커피전문점으로 전 세계 64개국23,187개 매장 운영 중, 미국 12,973개/영국 927개/일본 1,088개/한국 544개에서 운영

  → 로고는 그리스 신화에 나오는 'Siren세이렌'이라는 바다 인어아름답고, 달콤한 노래 소리로 지나가는 선원을 유혹

- 차별화 전략 마케팅으로 문화의 메카로 등장
- 창업자 하워드 슐츠의 기발한 아이디어를 토대로 씨에틀의 허름한 가게를 인수
- 마이크로소프트사 본사 및 정보 기술 업체 직원 다수를 대상으로 고객화에 성공
- 다양한 언어로 된 메뉴와 사회적 지위에 맞는 고급스런 인테리어 구축
- 커피숍이 더 이상 커피만 파는 곳이 아닌 사교와 문화공간 연출
- 파노폴리 효과, 즉 브랜드 소비만으로 소속감 충족사회적 지위 상승 효과

▲ 스타벅스

- 은행의 플래티넘 카드
  → 기존의 골드카드 보다 한 단계 더 높은 서비스로 고객에게 감동을 주는
    차별화된 마케팅
  → 일정 수준 이상의 예금을 유치하거나 거래를 해 온 고객 대상으로 플래
    티넘 카드 제공

▲ 아메리칸익스프레스

- 항공사의 마일리지 카드
  - → 항공사의 경우 국제선 1등석 전용 탑승 수속 카운터 이용 무료 수화물 1개 추가 허용
  - → 예약 대기 시 우선적으로 좌석 지원
  - → 프레스티지 클래스 라운지 이용서비스 제공
  - → 보너스 항공권 이용 시 성수기에도 비성수기 마일리지로 적용 혜택

▲ 인천공항

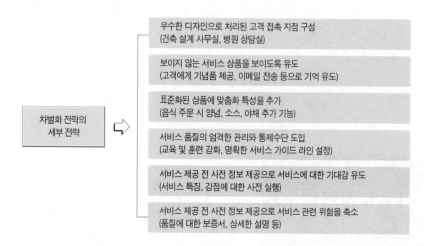

차별화 전략의 세부 전략

차별화 전략의 세부 전략 ⇨

우수한 디자인으로 처리된 고객 접촉 지점 구성
(건축 설계 사무실, 병원 상담실)

보이지 않는 서비스 상품을 보이도록 유도
(고객에게 기념품 제공, 이메일 전송 등으로 기억 유도)

표준화된 상품에 맞춤화 특성을 추가
(음식 주문 시 양념, 소스, 야채 추가 기능)

서비스 품질의 엄격한 관리와 통제수단 도입
(교육 및 훈련 강화, 명확한 서비스 가이드 라인 설정)

서비스 제공 전 사전 정보 제공으로 서비스에 대한 기대감 유도
(서비스 특징, 강점에 대한 사전 실행)

서비스 제공 전 사전 정보 제공으로 서비스 관련 위험을 축소
(품질에 대한 보증서, 상세한 설명 등)

③ 집중화 전략

• 원가우위 전략과 차별화 전략이 산업 전반에 걸쳐 시도되는 전략이라면 집중화는 특정한 표적시장을 대상으로 집중화 시키는 전략이다.

• 차별화 전략이 서비스 자체의 특성이나 이미지를 강조한다면, 집중화는 서비스가 제공되는 시장이나 범위에 보다 구체적으로 초점을 맞추는 전략이다.

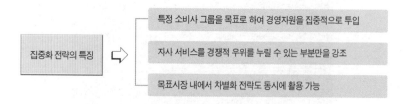

집중화 전략의 특징 ⇨

특정 소비사 그룹을 목표로 하여 경영자원을 집중적으로 투입

자사 서비스를 경쟁적 우위를 누릴 수 있는 부분만을 강조

목표시장 내에서 차별화 전략도 동시에 활용 가능

- Wal－Mart Stores월마트

  → 'Everyday Low Price'를 슬로건으로 설정

  → 창업자 샘 월튼, 미국에 본사를 둔 세계 최대의 유통업체멕시코: 월멕스, 영국: 아스다, 일본: 세이유 그룹으로 운영 중

  → 집중화 전략 마케팅으로 낮은 가격, 지속적인 매장 관리, 고객 우선 맞춤 서비스 제공

  → 한국형 월마트 실패 요인은 한국 고객의 정서에 맞지 않은 미국 시장 유통 방식 그대로 도입하였고, 원 스톱 서비스높은 진열대의 창고형 방식 등의 부족

▲ 월마트

(2) 경쟁우위 지속 전략

1) 경쟁우위 지속 전략의 세부 전략이란?

- 서비스 기업이 장기적으로 생존하기 위해서는 시장에서의 경쟁우위를 지녀야 한다.
- 지속적 경쟁우위Sustainable Competition Advantage: SCA란 시간이 지나가더라도 경쟁자들과는 다른 독특하고, 우수한 서비스를 지속적으로 제공하여 경쟁우위를 확보하는 것을 의미한다.
- 초기의 경쟁전략에 추가하여 새로운 전략이나 서비스 변경을 통해 만들어내는 경쟁력이 지속적 경쟁우위라 할 수 있다.

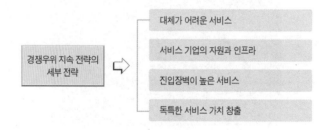

① 대체가 어려운 서비스라야 경쟁우위 지속가능

- 지속적 경쟁우위를 확보하려면 현재 자사의 서비스가 다른 회사의 서비스로 쉽게 대체되어서는 안 된다.
- 새로 진입하려는 잠재 경쟁자가 자사와 유사한 서비스를 제공하기 힘들게 해야 한다.
- 예를 들어 신개념의 서비스를 개발하여 경쟁자가 모방할 수 없는 서비스를 제공하는 것들을 들 수 있다.

② 자원과 인프라가 구축되어야 경쟁우위 확보

• 서비스 기업의 자원과 인프라가 부족하면, 경쟁우위 지속 전략을 확보할 수 없다.
• 규모의 경제를 실현하려면 일정한 규모의 인프라가 갖추어져 있어야 한다.
• 대리점 등과 같은 유통채널의 위치도 경쟁우위 지속 전략을 뒷받침해 준다.
• 역세권과 같은 유동인구가 많은 지점의 대리점을 확보한 휴대폰 서비스업체는 인접한 지점에 경쟁사 대리점이 생기지 않는 한 지속적 경쟁우위를 지닐 수 있다.

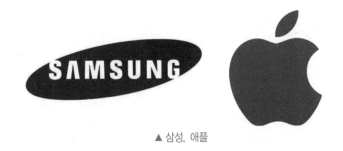
▲ 삼성, 애플

③ 진입장벽이 높은 서비스를 제공해야 경쟁우위 확보

• 시간이 흐르면서 서비스 시장에도 새로운 서비스가 등장하게 된다.
• 경쟁자들이 쉽게 시장에 진입하거나 모방할 수 없게 진입장벽을 쌓는 전략이 필요하다.
• 규모의 경제를 누리고 있는 서비스 기업이 있을 때 소규모 회사는 진입하기 힘들어 진다.
• 차별화된 서비스를 제공하고 있는 기업이 존재하는 한 경쟁자들이 쉽게 모방하지 못한다.
• 새로운 서비스 기업의 진입비용은 기존의 서비스 기업이 고객과의 관계를 오래 유지할수록 높아진다.

- 법률회사와 회계법인 등 고객에 대한 정보와 지식을 축적하게 되면 구매자의 전환비용이 증가하게 된다. 이렇게 되면 고객은 다른 서비스 회사로 전환하지 못한다.
- 유통채널을 통제함으로써 전환비용을 높일 수 있게 된다.
- 광고 포털 사이트가 광고 콘텐츠 개발업체와 독점적 계약을 맺게 되면 광고 콘텐츠 개발업체가 다른 광고 포털 사이트에 콘텐츠를 제공하지 못한다.
- 서비스 기업들은 경험을 통해서 다른 기업들이 경쟁하기 어렵게 만들 수 있다.
- 예를 들어 세계적인 경영컨설팅 업체의 우수한 전문성과 경험은 일반 컨설팅업체들이 모방할 수 없는 지속적 경쟁우위의 기반이 된다.

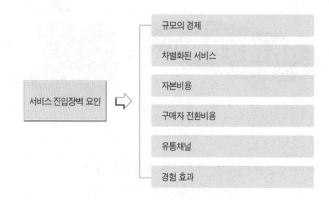

▲ 김영사

2) 경쟁우위 지속 전략 사례: FedEx

- 항공·지상 교통을 통해 큰 수화물부터 문서서류를 배송하는 세계 최대의 물류 서비스업체
- 경쟁업체에 비해 어렵고, 긴 이름 때문에 Federal Express에서 로고 변경
- 전 세계 220개국, 671대의 항공기, 41,000대의 차량을 이용해 운용
- 고객 맞춤형 서비스로 성공
- UPS/DHL 경쟁업체에 비해 공격적 마케팅으로 감동·신속 배송·인터넷 서비스배송 이동 경로 최초 도입

▲ 페덱스

3) 경쟁우위 지속 전략 최근 사례: DHL

- DHL은 항공기를 주로 이용하여 전 세계로 택배물을 운송하는 독일의 국제적인 운송회사
- 본래 미국 기업이었는데 독일의 도이치 포스트가 인수
- '최단시간 내에 배달'이라는 슬로건을 내걸고 운영

▲ 디에이치엘

(3) 제품-서비스 통합 전략

1) 제품-서비스 통합 전략이란?

- 최근에는 서비스 산업이 우리 경제에서 차지하는 위상이 점점 높아짐에 따라 서비스 산업에 대한 관심이 고조되어 서비스 관련 정책과 이슈가 부각되고 있다.
- 서비스업이 경쟁력을 지니게 되자 제조업체들이 제품과 서비스를 통합하여 하나의 패키지 상품으로 개발하는 전략을 제시하고 있다.
- 제품을 만들어 판매하던 제조기업이 서비스를 접목시켜 제품과 서비스를 통합하여 제공하거나, 기존 서비스를 제공하던 서비스업체가 제품을 제작하는 통합 전략이 나타나고 있다.
- GE, IBM, HP, 지멘스 등이 컨설팅, 의료정보서비스, 유지관리서비스 등을 전통적인 제품과 통합하여 제품-서비스 통합 전략을 시행하고 있다.
- 삼성전자서비스는 전국에 410개의 직영 서비스 거점을 가지고 삼성전자 제품에 대한 서비스를 지원하는 계열사로서 제품-서비스 통합 전략을 실시하고 있다.
- 제일모직의 제품과 서비스 통합은 의류제작 및 유통판매를 중심으로 이루어진다. 섬유제조업으로 사업을 시작했던 제일모직은 의류제품 판매서비스 분야까지 사업영역을 넓혀 왔다.
- 현대자동차는 현대자동차 구매고객의 만족을 위해 직영서비스 센터를 확대하고, 자동차정비가 가능한 정비업소 네트워크를 강화하는 한편 긴급서비스 능력을 증대시켜 왔다.

2) 제품-서비스 통합 전략(product service system: PSS)의 관점

• 제품과 서비스가 제공하는 역할에 따라 PSS 효과가 달라진다.
• 제품−서비스가 이어지는 위치에 따라 다양한 형태의 PSS의 결과가 도출된다.
• PSS를 마케팅 관점과 환경적 관점에서 살펴볼 수 있다.
• PSS 사례로는 스마트폰−앱스토어, 자동차−안전주행서비스, 카쉐어링Car-sharing 등이 있다박용태 외, 서비스 공학, 2012 참조.

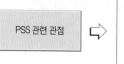

PSS 관련 관점

마케팅 관점: 마케팅 관점에서 PSS는 제품 판매를 위해 서비스를 보조
수단으로 이용/묶어서 판매하는 결합행위/제품 판매 촉진을 목적으로
서비스를 부가적으로 제공하는 의미

환경적 관점: 환경문제가 사회적 이슈가 되면서 제품-서비스 통합으로
자원절약형 제품, 친환경 제품 개발이 시작되는 과정에서 만들어진 개념

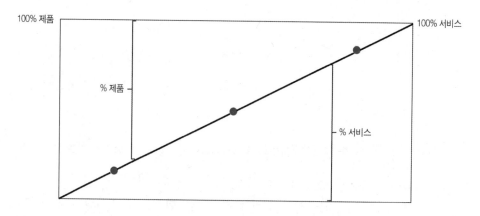

| 제품과 서비스의 비중에 따른 연계 |

▲ 박용태 외(2012), 서비스 공학, 생능출판사.

01. 서비스 경쟁 전략에는 어떤 전략들이 있는지 알아보자.

02. 서비스 기업에게 주어진 기본 경쟁 전략에는 어떤 전략이 있는가?

03. 원가우위 전략을 택한 서비스 기업의 사례를 열거하고, 각각의 사례기업의 원가우위 전략을 분석해보자.

04. 원가우위 전략 속의 세부전략에는 어떤 것들이 있는지 고찰해보자.

05. 차별화 된 브랜드 이미지와 차별화된 서비스의 예를 들어 설명해보자.

06. 스타벅스(Starbucks)의 차별화 전략에는 어떤 전략들이 있을까?

07. 실자 라인(Silja Line)을 포함한 여행 패키지의 차별화 전략 내용에는 어떤 것들이 있나?

08. 항공사의 차별화 전략을 사례를 들어 설명해보자.

09. 집중화 전략은 왜 필요하고, 집중화 전략의 특징은 무엇인지를 논해보자.

10. 집중화 전략의 사례를 열거하고, 그 집중화 전략의 내용을 분석해보자.

11. 경쟁우위 전략의 의미를 논하고, 세부전략을 상세히 논해보자.

12. 경쟁우위 전략에서 대체가 어려운 서비스체계를 유지하기 위한 전략은?

13. 왜 서비스 기업의 자원과 인프라는 경쟁우위 지속 전략에 필요한가?

14. 경쟁력 있는 서비스 기업에서 진입장벽을 쌓는 전략에는 어떤 것들이 있나?

15. 진입장벽을 탄탄하게 만들기 위해 고객에게 제공하는 서비스 전략에는 어떤 것들이 있나?

16. 경쟁우위 지속 전략이 적용된 서비스 기업의 사례를 열거하고, 이들 서비스 기업의 전략을 구체적으로 설명해보자.

17. 제품-서비스 통합 전략의 의미를 살펴보고 사례를 들어 설명해보자.

18. 제품-서비스 통합 전략의 유형에는 어떤 것들이 있는지 알아보자.

19. 제품-서비스 통합 전략(product service system)에서 마케팅 관점과 환경적 관점에 대한 의미를 논해보자.

20. 카 쉐어링(car-sharing)을 제품-서비스 통합 전략의 관점에서 접근해보자.

제 8 장
서비스 STP 전략과 마케팅 믹스

8.1 서비스 STP 전략

(1) 마케팅 경영과정

- 모든 비즈니스는 마케팅에서 출발하여 마케팅으로 끝난다.
- 마케팅 전략은 서비스 비즈니스의 성공여부를 결정하는 핵심이 된다.
- STP 개념은 마케팅 분야의 최고 권위자인 필립 코틀러이다. 마케팅 경영관리 과정을 다음의 5단계 과정으로 본다.

> $$R \rightarrow STP \rightarrow MM \rightarrow I \rightarrow C$$
>
> - R : 조사Research－시장조사 등
> - STP : 시장세분화Segmentation, 표적시장 설정Targeting, 포지셔닝Positioning
> - MM : 마케팅 믹스4P 즉, Product, Price, Place, Promotion
> - I : 실행Implementation
> - C : 통제Control－피드백을 얻고, 결과를 평가하며, STP 전략이나 마케팅 믹스 전술을 수정 또는 개선

- 마케팅 경영과정은 시장조사로부터 출발한다.
- 시장을 조사하면 각기 다른 욕구를 가진 소비자들로 구성된, 서로 다른 세분시장들(S)이 드러난다.

- 기업은 자신들이 경쟁자보다 탁월하게 충족시킬 수 있는 세분시장을 설정(T)해야 한다. 기업은 각 표적시장별로 상품을 포지셔닝(P)하여, 자사 상품이 경쟁상품과 어떻게 다른가차별화 하는 것을 알려야 한다.
- STP는 기업의 전략적 마케팅이다. 기업은 STP를 바탕으로 하여 제품, 가격, 유통, 촉진결정들의 믹스로 구성된 전술적 마케팅 믹스(MM)을 개발한다.
- MM이 개발되면 기업은 마케팅 믹스를 실행(I)한다.
- 마지막으로 통제 측정치(C)를 사용하여, 결과를 모니터 및 평가하고, STP 전략과 MM 전술을 수립한다.

(2) STP(segmentation, targeting & positioning) 전략의 단계

1) STP 단계

- STP 전략은 조사분석을 토대로 시장 내 포지션을 설정하는 단계이다. 기업의 마케팅 활동은 인터넷 등장을 전후로 대중마케팅mass marketing으로부터 표적마케팅target marketing으로 변화하여 현재 일반화 되어가고 있다.
- 조사분석 과정을 통해 표적시장을 파악하고 기업은 상품 개발이나, 가격, 유통, 광고 전략을 수립할 수 있다.

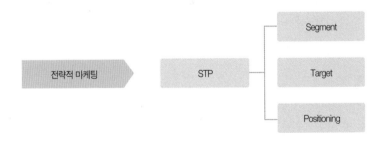

| STP 3단계를 포괄하는 전략적 마케팅 |

① 1단계: Market Segmentation
- 시장 세분화를 위한 전체, 부분적 차원으로 구분해 내야 한다.
- 세분화된 시장의 프로파일, 특징을 기술해야 한다.

② 2단계: Market Targeting
- 세분화된 시장의 매력도를 측정해야 한다.
- 구체적인 목표시장을 선정해야 한다.

③ 3단계: Positioning
- 고객이 중요시하는 요소를 통해 목표시장별 포지셔닝을 개발해야 한다.
- 고객의 반응을 일으킬 수 있는 목표시장별 마케팅 믹스를 개발해야 한다.

2) 시장세분화(segmentation)

① 무엇인가?
- 전체 시장을 Segment로 나누는 것이다.

② 왜?
- 동일한 상품이라도 소비자마다 가지고 있는 욕구는 매우 다양하기 때문에 고객의 수가 많아질수록 개별고객 한 사람 한 사람이 갖고 있는 욕구를 모두 충족시키기는 사실상 불가능하다. 따라서 유사한 욕구를 가진 집단으로 시장을 세분화하는 것이다.

③ 어떻게?
- 고객이 누구인지를 알려는 것이다. 인구통계적 변수연령, 성별, 가족생활주기 등, 지리적 변수지역, 도시규모 등, 심리적 변수라이프스타일, 개성 등 등을 포함한 고객의 특성변수와 구매행동과 밀접한 관련이 있는 변수들로서 고객을 다면적으로 파악하는데 도움을 준다. 서비스 관련 편익이나 사용상황, 사용량, 상

표충성도 등의 기준을 통하여 세분화한다.

④ 무엇을 기대할 수 있는가?
• 새로운 마케팅 기회의 발견
→ 시장 세분화를 통해 각 표적시장에 가장 적합한 제품을 개발할 수 있고,
마케팅 노력을 집중하여 보다 효율적으로 그 시장을 공략할 수 있다.
• 경쟁우위 확보
→ 시장 세분화를 통해 고객의 욕구를 더욱 세밀하게 파악하여 충족시킬
수 있는 전략을 수립할 수 있기 때문에 경쟁자에 비해 경쟁우위를 확보
할 수 있다.
• 차별화를 통한 가격경쟁 완화
→ 동일한 제품이라도 서로 다른 세분시장의 욕구를 공략함으로써 경쟁상품
과의 차별화를 통해 소모적인 가격경쟁을 피할 수 있다.
→ 경쟁상품과의 차별화를 통한 가격전략은 규모가 작은 중소기업에게 커다
란 도움을 준다. 이와 같이 규모가 작은 세분시장타사가 간과하고 있는 틈새시장
에 집중함으로써 경쟁기업특히, 대기업과의 직접경쟁을 피하고자 하는 마케
팅 전략을 니치마케팅Niche Marketing이라고 한다.

⑤ 시장 세분화에 사용되는 변수에는 어떤 것들이 있나?
• 인구통계적 변수: 연령, 성별, 지역, 가족구성, 소득, 직업, 학력 등
• 심리분석적 변수: 사회계층, 라이프스타일, 개성 등
• 구매행동 변수: 사용기회, 사용경험, 사용량, 상표 애호도
• 사용상황 변수: 사용횟수, 사용여건, 사용환경
• 효용변수: 기능적 효용, 심리적 효용

3) 표적시장 선정(targeting)
• 표적시장을 선택하는 방법은 제품과 시장의 두 가지 기준으로 분류한다. 일

반적으로 타겟과 전략 요소를 토대로 표적시장을 선정한다.

- 표적시장 선정방법: 제품과 시장
- 타겟요소: 규모, 수익성, 성장성, 경쟁상황
- 전략요소: 획일화비차별적, 차별화, 집중화

4) 포지셔닝(positioning)

- 포지셔닝은 소비자의 마인드에 제품과 브랜드에 대한 차별화된상대적 위치를 차지하게 하는 것이다. 전략적 포지셔닝은 제품과 브랜드에 대한 인식된 지각을 말한다.
- 포지셔닝은 일반적으로 경쟁자와 비교되는 '소비자 마음 속의 인식'이라는 점에서 이미지와는 차별화 된다.
- 자사의 제품이나 브랜드를 경쟁자로부터 분리시킬 수 있는 한두 가지 특성을 찾아내어 자리매김하는 것이 바로 전략적 포지셔닝이라 할 수 있다.
- 당해 기업의 포지셔닝 전략이 가장 비교우위가 있는가를 판단하기 위해서는 경쟁제품과의 포지셔닝 분석을 통하여 자사제품과 경쟁제품이 현재 소비자들에게 어떻게 지각되고 또 평가되고 있는지를 살펴보아야 한다.
- 포지셔닝 전략을 위한 분석방법에는 요인분석Factor Analysis이나 다차원 척도법Multi-dimensional Scaling: MDS 등을 이용한 제품위치도Positioning Map 또는 제품지각도Perceptual Map가 있다.

포지셔닝 변수

- 속성: 온화함, 엄격함, 세련됨
- 가격과 품질: 프리미엄 제품, 보급품
- 용도 및 적용: 특정한 상황 혹은 행사와의 관련성
- 사용자: 서비스를 사용자 유형이나 라이프스타일, 특성 등

- 제품분류: 일반제품, 기능제품
- 경쟁자: 경쟁자 속에서 자사만의 포지셔닝, 경쟁적 광고

(1) 서비스 마케팅 믹스(service marketing mix)란?

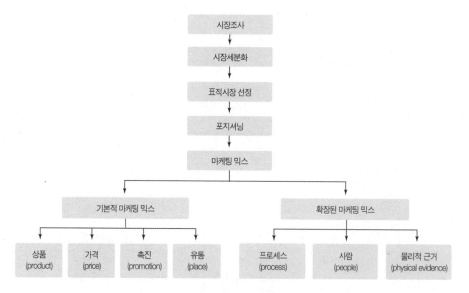

| 7P 서비스 마케팅 프로세스 |

• 마케팅 믹스란 마케팅 목표를 달성하기 위해 활용할 수 있는 수단들의 묶음
이다.

- 여기서 마케팅 목표란 매출과 이윤의 증대, 브랜드 가치 향상, 고객만족도 제고 등이다.
- 상품마케팅에 있어서 마케팅 믹스는 4Pproduct, price, place, promotion이다.
- 서비스 마케팅 믹스는 서비스의 특성을 반영하여 위의 4P에 더하여 3Pprocess, physical evidence, people를 포함하여 '확장된 서비스 마케팅 믹스', 즉 '7P'로 구분한다.

(2) 서비스 마케팅 믹스의 7P

1) 상품(product)

- 서비스 상품이란 고객들에게 서비스 가치를 창출하는데 필요한 서비스의 요소이다.
- 서비스 상품의 생명은 고객에게 서비스를 가시적으로 보여주는데 있다.
- 고객 만족도 제고를 통한 서비스 상품의 브랜드 이미지를 제고시키고, 서비스 품질을 관리해 나가야 한다.
- 서비스 마케팅에 있어서 상품관리는 고객가치 창출을 위해 고객에게 편익, 경험, 브랜드 관리 등을 포함한다.

2) 가격(price)

- 가격이란 서비스를 구매하면서 고객들이 지불하는 돈, 시간, 노력 등을 의미한다.
- 서비스 산업에서는 요금, 입장료, 진료비, 상담료, 등록금학원비 등을 가격으로 볼 수 있다.
- 서비스의 가격은 탄력적이고, 가격의 책정기준이 애매하고, 주관적인 측면이 강하다.

3) 유통(place)

- 상품은 공장 → 도매업자 → 소매업자 → 소비자의 유통과정을 거치게 된다. 그러나 서비스는 서비스의 공급자와 고객이 직거래하기 때문에 유통과정이 없다고 하겠다.
- 유통은 고객에게 언제, 어디에서, 어떻게 서비스를 제공하는 것과 관련된 이슈이다.
- 서비스는 보관과 저장이 힘드므로 서비스를 전달하는 장소, 경로 등이 중요하다.
- 병원, 학교, 복합쇼핑몰 등의 서비스 시설은 고객들이 접근하기 좋은 입지에 위치해야 한다.
- 유통은 시설의 입지, 주차시설, 예약, 홈페이지 구축, 고객접근경로 등과 관련된 사항이다.

4) 촉진(promotion)

- 촉진이란 서비스 기업이 고객에게 서비스 상품을 알리고, 브랜드 가치를 알리기 위한 모든 커뮤니케이션 활동을 의미한다.
- 상품의 촉진은 광고, 판매촉진, 인적 판매, 홍보 등을 활용할 수 있지만, 서비스의 가장 큰 촉진은 고객과 접촉하는 직원에 의해 이루어진다.
- 직원이 고객과의 접촉과정에서 서비스 상품을 설명하고, 주문과 예약을 받고, 서비스를 제공하는 촉진활동을 하게 된다.
- 서비스는 무형성의 특성으로 인해 서비스를 직접 보여줄 수 없고, 서비스를 서비스함으로써 얻게 되는 혜택이나 결과이다.

5) 과정(process)

- 과정이란 서비스가 제공되는 절차와 활동의 흐름을 말한다.

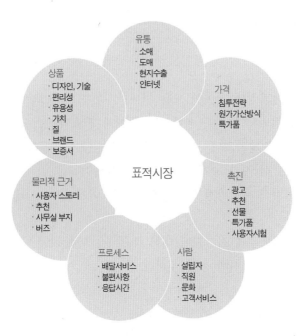

- 서비스의 효율성을 높이고 고객만족을 주기 위해서는 서비스 생산부터 제공까지의 전달체계가 중요하다.
- 예컨대 식당은 '예약 → 주차 → 안내 → 자리배정 → 메뉴제공 → 주문·식사서빙 → 계산'의 서비스 과정으로 절차가 이루어져 있다.

6) 물리적 근거(physical evidence)

- 물리적 근거는 건물, 인테리어, 가구, 비품, 온도, 조명, 색상, 간판, 인쇄물, 음악, 명함 등의 물리적 환경과 요소를 포함한다.
- 이러한 물리적 요소들이 우수하게 설비되어 있는 서비스 시설은 고객의 서비스 구매를 자극하게 되어 매출증대 효과를 가져 올 수 있다.
- 서비스는 눈에 보이지 않기 때문에 가시적인 물리적 근거를 통하여 서비스

품질을 고객에게 전달하게 된다.

7) 사람(people)

• 서비스 전달과정에 참여한 모든 참여자, 즉 직원, 고객 등이 포함된다.
• 서비스는 직원의 행위를 통해 고객들에게 전달되므로 직원들이 서비스의
  생산자이자 전달자이다. 변호사, 의사, 교수 등이 제공하는 전문서비스에서
  는 서비스 생산자가 동시에 전달자가 된다.
• 직원은 서비스 제공과정에서 촉진은 물론 마케터marketer의 역할까지 수행
  하게 된다.
• 서비스 기업들은 인적자원에 대한 중요성을 인식하고 이들에 대한 교육훈
  련을 끊임없이 실시해야 할 것이다.

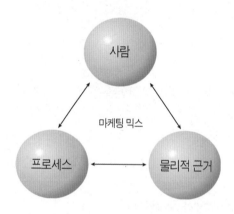

| 미용서비스의 마케팅 믹스(7p) |

제품 (product)	⇨	미용기술(서비스)
가격 (price)	⇨	미용요금
유통 (place)	⇨	상권, 입지, 온라인사이트
촉진 (promotion)	⇨	광고, 할인, 이벤트
프로세스 (process)	⇨	예약 → 고객안내 → 미용서비스 → 계산
사람 (people)	⇨	직원, 고객
물리적 근거 (physical evidence)	⇨	미용실 주차장, 건물, 간판, 인테리어, 온도, 조명, 색, 명함 등

나이키 4P와 STP 전략 사례

(1) SWOT 분석으로 알아본 나이키

Strength(강점)	Weakness(약점)
• 브랜드 파워(브랜드 이미지) • 기존의 업체와 차별화된 시스템 • 기술력 • 강력한 마케팅 전략	• 남성제품에 비해 상대적으로 취약한 아동·여성 제품 • 해외 아웃소싱에 의한 소비자의 나쁜 인식
Opportunity(기회)	Threat(위협)
• 제품의 다양화 • 주5일제로 여가활동을 이용한 시장 확대 기대 • 인터넷 등 전자상거래에 의한 폭넓은 판매망	• 경쟁업체의 빠른 성장(아디다스, 퓨마 등) • 같은 업체(나이키) 간의 경쟁

(2) 4P 전략

1) 제품(product) 전략

• 세계 국가 대표 유니폼과 유명 프로 리그의 유니폼
• 유명 팀 선수들이 입은 바람막이 옷이나 트레이닝 복
• 저항력을 줄이는 축구공, 초경량의 축구화 등 적절한 과학기술의 이용
• 타이거 우즈를 통한 골프 시장 점유율 확보만이 아닌 첨단과학을 이용한 동

일 가격대비 가장 성능이 우수한 최고 기술의 제품 개발.
- 기존 제품 시장인 농구, 런닝, 야구 등의 시장 입지 관리와 시장 점유율이 낮은 축구, 골프 등의 점유율 상승 목표를 통한 브랜드 및 모델 다양화
- 유명 선수들 개개인에게 맞는 다양한 제품 개발

	NIKE FOOTBALL	NIKE GOLF
Brand Indentity		N I K E G O L F
Target	능력 향상을 원하는 선수들 & 활동 지원을 원하는 enjoyer	골프 선수들 & 골프 실력 향상을 원하는 일반 플레이어
Image	sharp, light, convenient, superiority	high-quality, dignity, functional
Product Point	• 독특한 칼라와 디자인, 소재의 차별화로 소비자에게 최상의 착용감을 줌 • 첨단기술을 이용하여 최상의 능력 향상을 도모하는 초경량 제품	• 반발력을 극대화하여 비거리를 향상시키고, 높은 가격을 획기적으로 낮춘 골프공 • 타격 시 충격 완화와 가벼움을 중시한 골프채
Color	• main: 심리적으로 안정감을 줄 수 있는 어두운 톤의 색(black, dark blue, grey) • sup: 눈에 띄는 화려한 색상(유명 선수 착용)	• 골프클럽: silver, black • 골프공: white • 골프웨어: 화려하지 않은 무채색톤
Item	축구화, 축구공, 유니폼, 트레이닝복, 가방	골프클럽, 골프공, 골프웨어

2) 가격(price) 전략

- 고가 판매 정책 채택
- Nike 코리아에서 자율성의 특징을 살려 대리점 운영에 시장 원리 도입, 전국 대리점 스스로 제품가격 결정
- 제품 교환을 통한 충분한 물량 확보 방법 제공
- 온라인과 오프라인 간의 차별화를 통해 마찰을 최소화하는 채널 차별화 전략 채택

- 인터넷 판매 상품과 대리점 취급 상품 분리 전략을 통한 신제품과 구제품 채널 간 경쟁회피

3) 유통(place) 전략

- 독특한 경영 스타일, 아웃소싱생산과 유통: Nike는 철저한 기술력으로 첨단디자인과 고품질 상품을 개발해 내는 전략을 집중시키고 나머지는 외주에 맡긴다는 경영스타일
- 신규 거래선 확보: 웹사이트에 관심을 갖지 않다가 뒤늦게 1998년 서둘러 온라인 기업으로의 전환 시도
- 전자 상거래에서의 아웃소싱: 사이버 회사 설립Nike.com
- Nike의 세계화 전략글로벌 유통망 확보: 미국 시장의 성장 한계로 인한 해외 시장 개척 노력으로 국제적 분업화된 생산 네트워크 구축

4) 촉진(promotion) 전략

- 광고: Nike는 TV광고에 스타들을 통한 광고
- 세일: 신제품을 제외한 품목에 대해 정기 세일, 상설 판매, 대형 세일 판매 실시
- 세일즈 프로모션 및 진열: 강력한 브랜드 파워에 대한 믿음과 진열에 대한 투자
- 이벤트: 풋살대회, 축구대회, 길거리 농구대회 등의 이벤트를 통한 청소년층 확보

8.4 STP 분석

(1) 시장 세분화(segmentation)

설문 대상	10~30대 후반까지의 운동 선수들	AL (유아 제외)	청소년	유아·어린이	성인 여성들
추구하는 편익	전문성, 성능, 기록 향상	취미, 스포츠 도구	간편한 의복	안전성	경제성
행동적 특징	향상 운동	건강 및 재미 추구	유행에 잘 따름	부모의 영향이 큼	가격에 민감
선호하는 상표	NIKE, adiadas, UMBRO, asics, Reebok	NIKE, adiadas, FILA	FUMA, NIKE	nike kids	PRO-SPECS 시장 물건
개성	적극적, 파워풀, 의지적	사교적, 친목적	몰개성적	타유적 행동	검소함
라이프 스타일	규칙적, 인내적	활동적	자유분방함	제한적	가치지향적

(2) 표적시장의 선정(targeting)

- Target 1. 프로 선수들과 프로가 되려는 운동 선수들
- Target 2. 여가를 즐기기 위해 운동을 하는 일반 사람들동호회 회원
- Target 3. 간편함과 스타일을 중시하는 청소년들
- Target 4. 유아스포츠로 공략할 수 없었던 아동 의류 시장에 진출하기 위한 마케팅 필요

(3) 포지셔닝(positioning)

- 강력한 브랜드 파워와 최고의 품질

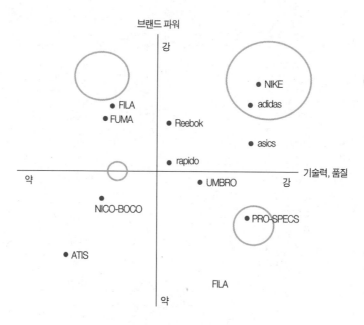

| 브랜드 파워: 기술력·품질 포지셔닝 |

• 수많은 매장과 고가격

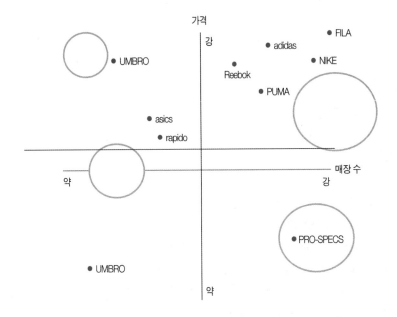

| 가격과 매장 포지셔닝 |

01. 필립 코틀러가 제시한 마케팅 경영과정의 5단계를 설정해보자.

02. 마케팅 경영과정의 5단계가 왜 필요한지, 각 단계가 의미하는 바가 무엇인지를 고민해보자.

03. STP가 왜 필요하고 이것이 가지고 있는 의미는 무엇인가?

04. STP가 추구하는 목표는 무엇인가?

05. 시장세분화는 왜 하는 것이며 어떻게 하는 것인지를 설명해보자.

06. 시장세분화를 통해 기대할 수 있는 것은?

07. 시장세분화를 통해 어떤 새로운 마케팅 기회가 발견될 수 있을까?

08. 니치마케팅(Niche Marketing)이란 무엇이고 이 마케팅 기법은 왜 필요한가?

09. 시장세분화(Market Segmentation)에 사용되는 변수에는 어떤 것들이 있나?

10. 시장세분화는 왜 필요한지 설명해보자.

11. 서비스 브랜드 중 하나를 선정하여 표적시장 선정방법을 고민해보자.

12. 서비스산업 중 하나를 선택하여 표적시장의 타겟요소와 전략요소를 논해보자.

13. 서비스 산업에서 포지셔닝(Positioning)이 왜 필요한가?

14. 포지셔닝 변수에는 어떤 것들이 있으며 이들 변수가 포지셔닝에 어떻게 활용되는가?

15. 포지셔닝 전략분석 방법에는 어떤 것들이 있는가?

16. 마케팅 믹스(Marketing Mix)의 개념을 논해보자.

17. 마케팅 믹스는 왜 필요하고 어떻게 활용되는지 설명해보자.

18. 왜 서비스 마케팅 믹스에는 3P가 추가되는가?

19. 확장된 서비스 마케팅 믹스 3P가 무엇인지 살펴보자.

20. 확장된 서비스 마케팅 믹스에서 과정(Process)은 어떤 의미를 지니는가?

21. 확장된 서비스 마케팅 믹스에서 물리적 근거(Physical Evidence)란 무엇인가?

22. 확장된 서비스 마케팅 믹스에는 왜 사람(people)이 포함되는지 살펴보자.

23. 서비스 산업의 예를 하나 선택하여 7P를 적용하여 마케팅 믹스를 이해해보자.

24. 서비스 산업의 예를 하나 선택하여 STP를 적용하여 마케팅 전략을 수립해보자.

Service Brand Marketing

서비스 관련 산업의 수요와
공급관리 전략

제 9 장
서비스 수요관리 전략

9.1 서비스 수요와 공급능력 관리

(1) 서비스 수요와 공급능력 관리란?

- 서비스는 소멸성과 비분리성동시성으로 인해 수요 및 공급의 관리에서 재고로 관리할 수 없는 문제가 발생한다.
- 서비스업은 성수기에 대비하여 비수기에 생산한 것을 재고로 보관할 수 없다.
- 생산과 소비 간의 중간 유통 단계가 없어 연결 기능이 미흡하다.
- 서비스 시설에 고객이 도착함과 동시에 서비스를 제공해야 하는데, 고객 요구에 대해 충분히 대응할 수 있는 여유 시간이 짧고, 고객의 도착 패턴이 불규칙해 서비스 시설의 공급능력과 수요를 균형 있게 조절하기 어렵다.
- 이 같은 관점에서 수요와 공급 불균형 등의 이슈를 다루는 서비스 기업산업에서는 수요와 공급능력 관리가 필요하다.

(2) 서비스 수요에 영향을 미치는 요인

Q. 서비스에 대한 수요가 주기적으로 변화하는가?

A. 하루시간 단위로 변화, 한 주요일 단위로 변화, 한 달날짜 또는 주단위로 변화, 일 년(월 또는 계절 단위로 변화, 그 외 다른 기간 단위로 변화

Q. 주기적인 수요의 변동을 일으키는 요인은?

A. 기후의 계절적 변화, 급여지급일, 학교의 방학과 개학, 공휴일

Q. 수요의 변화가 불규칙적으로 보인다면 그 원인은?

A. 날씨 변화, 발생 예측이 어려운 질병 문제, 사고·자연재해·범죄 등의 긴급 대처가 필요한 경우

Q. 서비스 수요의 변화를 시장세분화를 통해 이해될 수 있는가?

A. 이용 고객 또는 이용 목적의 차이, 거래별 수익성의 차이

9.2 서비스 수요의 특성에는 어떤 것들이 있나?

(1) 서비스 수요의 특성(관광호텔의 사례)

- 서비스 수요는 불규칙적으로 발생한다.
- 관광서비스의 수요는 성수기인 여름철에 집중되어 호텔에서는 이 수요를 모두 수용하지 못하게 된다.
- 대조적으로 비수기에는 관광수요가 적어 호텔 경영수지 측면에서 적자에 시달리게 된다.

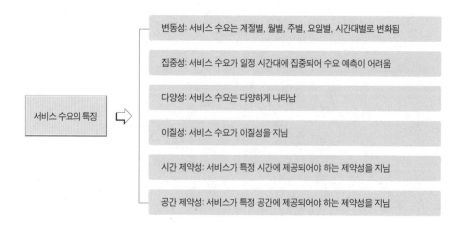

서비스 수요의 특징

변동성: 서비스 수요는 계절별, 월별, 주별, 요일별, 시간대별로 변화됨

집중성: 서비스 수요가 일정 시간대에 집중되어 수요 예측이 어려움

다양성: 서비스 수요는 다양하게 나타남

이질성: 서비스 수요가 이질성을 지님

시간 제약성: 서비스가 특정 시간에 제공되어야 하는 제약성을 지님

공간 제약성: 서비스가 특정 공간에 제공되어야 하는 제약성을 지님

(2) 서비스 수요에는 산업별 차이가 있다

- 서비스 수요는 산업별로 차이가 발생하는 특성을 지니고 있다.
- 서비스 기업은 '시간에 따른 수요변동의 정도'와 '공급의 제한 정도'의 특성을 파악해야 한다.
- 수요의 변동이 큰 서비스에는 병원, 운송업, 레스토랑 등이 있다.
- 수요의 변동이 작은 서비스에는 보험업, 세탁소, 은행 등이 있다

(3) 서비스 수요의 특성에는 어떤 것들이 있나?

· 최고 수요 수준에 최대 공급능력을 맞추어 설계되어 있는 서비스
  → 전기, 천연가스, 인터넷 서비스 등
· 최고 수요가 대체로 최대 공급능력을 초과하도록 설계된 서비스
  → 병원 응급실, 고급 호텔, 극장, 유명 음식점 등

■ 수요와 공급특성에 따른 사업구분

공급제한의 정도	시간에 따른 수요 변동의 정도	
	큼	작음
피크의 수요가 지체 없이 충족됨	전기, 천연가스, 경찰과 소방, 인터넷 서비스	보험, 은행, 세탁업, 법률 서비스
피크의 수요가 대체로 공급능력을 초과함	회계와 세금 신고, 교통시설(철도, 항공, 터미널), 호텔, 레스토랑, 극장, 병원 응급실	위와 비슷한 서비스이면서 공급능력이 불충분한 경우

9.3 수요관리 및 조절전략

(1) 수요예측이란?

- 서비스 기업은 서비스 저장이 불가능하므로 서비스 수요변화에 대해 적극적으로 대응하기가 어렵다.
- 대부분의 경우 고객이 서비스 시설에 도착하자마자 서비스를 제공해야 하므로 수요예측이 잘못되면 고객 욕구에 충분히 대응할 수 있는 여유시간이 부족하여 서비스의 질이 떨어진다.
- 효과적인 서비스를 제공하기 위해서는 서비스 수요에 대한 과학적이고, 정밀한 수요예측이 선행되어야 한다.

(2) 수요관리 및 조절전략

1) 수요관리 전략

① 무반응 전략
- 수요의 변화에 전혀 반응을 하지 않음으로써 수요가 저절로 조정되도록 방치
- 고객들이 자신의 경험과 타인의 구전에 의해서 어느 때에는 오랫동안 기다려야 하고, 언제는 곧바로 서비스를 받을 수 있는지 학습하도록 하는 전략

② 수요조절 전략
- 수요증대 전략과 수요감소 전략
- 피크 타임 시에는 수요를 감소시키고, 반대의 경우에는 수요를 증가시키는 전략

③ 수요재고화 전략
- 예약시스템이나 대기시스템을 채택하여 수요를 재고화 하는 전략
- 예약시스템은 수익성이 가장 높은 세분시장부터 실시
- 대기시스템은 고객관리에 주력대기시간 단축

2) 수요조절 전략의 사례

① 서비스 상품의 다양화 전략 사례

- 디즈니랜드와 에버랜드 등 수요가 특정 시간대에 집중적으로 발생하는 서비스 산업에서 사용하는 전략이다.

▲ 디즈니랜드 리조트

▲ 에버랜드

② 서비스 제공 시간과 장소의 조절전략 사례
* 수요가 시간과 장소에 따라 집중적으로 발생하는 은행, 병원, 마트, 청과물 시장 등에서 활용되는 전략이다.

③ 가격 차별화 전략 사례
• 비즈니스 여행을 하는 항공여행자들의 항공요금에 대한 수요탄력성이 비탄
  력적이다.

▲ 유나이티드항공

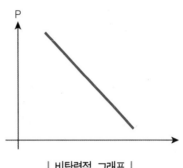

| 비탄력적 그래프 |

• 여가 여행자들의 여행비용에 대한 수요탄력성이 탄력적이다.

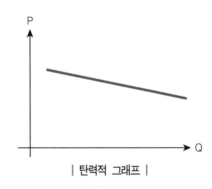

| 탄력적 그래프 |

④ 커뮤니케이션의 증대전략 사례

• 실시간 교통상황을 어플김기사, 이틀란 등이나 방송으로 운전자들에게 사전에 알려줌으로써 도로의 수요분산을 유도하는 전략을 의미한다.

⑤ 수요재고화 전략 사례

• 서비스 기업이 서비스 자체를 재고화 할 수 없으나, 예약이나 대기를 통해 서비스에 대한 수요는 재고화 할 수 있다.
• 정확한 수요예측기법 개발로 예약시스템 및 대기시스템 구축해야 한다.

⑥ 비수기를 성수기로 전환전략 사례

• 매년 1~2월은 제주도 특급 호텔 비수기이다.

• 제주 신라 호텔은 '성수기 전환 프로젝트'를 실시해 객실 점유율 81%를 기록했다.

• 성수기 전환 프로젝트의 유형

→ 윈터 스파존한 겨울에 폐열을 이용해 섭씨 42°의 따뜻한 수영장 개장

→ 야외 바비큐 오토 캠핑장 운영

→ 직원과 함께 올레길 걷기·승마·요트 체험·한라산 트레킹·선상 낚시 등

▲ 제주신라호텔

(1) 서비스 수요예측기법의 유형

• 서비스 수요예측에는 정성적 기법과 정량적 기법이 존재한다.

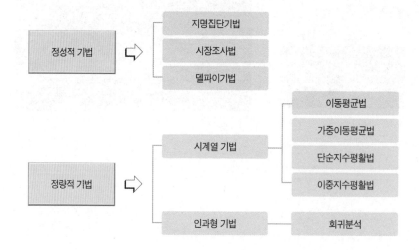

(2) 정성적 기법과 정량적 기법의 비교

• 서비스 수요예측의 정성적 기법과 정량적 기법을 목적, 표본규모, 자료수집, 자료분석방법, 설문조사방법, 결과활용의 측면에서 비교해 보면 다음과 같다.

■ 정성적 기법과 정략적 기법

구분	정성적(Qualitative) 기법	정량적(Quantitative) 기법
목적	기초적인 원인이나 동기에 대한 질적인 이해를 얻음 ex) 만족도, 선호도, 심리적 등	자료를 계량화시키고 표본으로부터 모집단의 결과를 일반화시킴 ex) 수치를 통한 경제적인 기대 효과
표본규모	대표성 있는 소규모의 사례	대표성 있는 대규모의 사례
자료수집	비구조화	구조화
자료분석	비통계적	통계적
설문조사방법	F.G.I., 심층면접, 관찰면접 등	설문조사(서베이), 개별 면접조사 등
결과활용	초기 이해의 전개	행동의 최종 단계 권고

(1) 정성적 예측기법

• 정성적 예측기법은 경영자와 전문가의 의견, 시장조사 등을 기반으로 수요를 예측하는 방법이다.

1) 지명집단기법

• 작은 그룹의 전문가들이 모여 자유로운 토론브레인스토밍을 하여 수요를 예측하는 방법이다.
• 전문가 집단에는 기업 내부의 경영기획, 마케팅담당자가 참여한다.
• 기업 외부에서는 전문가나, 주요고객을 초청하여 수요예측을 할 수도 있다.

2) 시장조사법

• 새로운 서비스 상품을 개발하기 위한 잠재수요예측이나 서비스 기업 전체의 수요예측에 활용된다.
• 조사에는 잠재고객 인터뷰, 시장동향분석, 설문조사 등의 방법이 있다.
• 단기적으로는 예측의 정확도가 높으나 장기적으로는 기술의 발전, 주변여건 변화 등으로 인해 예측력이 떨어지는 단점이 있다.

3) 델파이 기법(전문가 합의법)

- 전문가들에게 미래 수요에 대한 의견을 물어 종합적으로 판단하는 방법이다.
- 전문가들에게 반복적인 설문조사를 통해 신뢰성 있는 예측결과를 도출한다.

(2) 정량적 예측기법

- 기존의 서비스업의 과거 구매 자료를 토대로 과학적인 방법으로 수요를 예측하는 방법이 정량적 기법이다.

1) 시계열 기법(time series analysis)

- 일정 시간 간격으로 배치된 데이터들의 수열을 뜻한다.

① 이동평균법

- 시간이 지나감에 따라 움직이면서 최근의 자료들 토대로 평균값을 산출한다.
- t 기간의 예측값을 그 앞의 n 기간의 수요로 평균하여 구하는 방식이다.

- 관측기간의 수가 너무 적으면 실제수요의 변동이 예측값에 큰 영향을 받는다.
- 관측기간의 너무 많으면 적은 영향을 미치게 된다.

$$Y_t' = \frac{\sum Y_{t-i}}{n}$$

Y_t' =기간 t의 수요예측값

$t-i = [t-i]$ 기간의 실제 수요량

n = 기간 수

② 가중이동평균법

- 단순이동평균법의 단점을 보완하기 위한 방법이다.
- t기의 수요는 그 앞의 $t-1'$기에 의해 많은 영향을 받고 $t-2$기에 의해서는 그보다 덜 영향을 받는다고 볼 수 있다.
- 이러한 방법은 예측 시기와 가까운 쪽에 더 큰 가중치를, 먼 쪽에는 더 작은 가중치를 부여하는 방법이다.
- 전반적으로 이동평균법의 계산이 간단한 관계로 널리 이용되고 있다
- 하지만 시계열 자료가 선형을 이루고 있으면 정확성이 떨어진다.
- 변화가 심한 시계열 자료에서 이 방법을 이용하는 것이 바람직하다.

$$Y_t' = \sum W_{t-i} Y_{t-i}$$

Y_t' =기간 t의 수요예측값

$W_t-i = [t-i]$ 기간의 부여된 가중치

$Y_t-i = [t-i]$ 기간의 실제값

③ 단순지수평활법
- 단순이동평균법의 단점을 개선시킨 시계열 분석방법이다.
- 수요예측을 위해서 3가지의 자료가 필요전기의 관찰 값, 평활 계수하다.
- 단순지수평활법을 수학적으로 표현하면 다음과 같다.
- 최초의 수요예측값을 구하기 어려우며, 평활계수를 결정하는데 반복적인 시행착오를 거친다.

$$Y_t' = Y'_{t-i} + a(Y_{t-1} + Y'_{t-i})$$

$Y_t' = $ 기간 t의 수요예측값

$Y'_{t-i} = [t-i]$ 기간의 예측값

$Y_{t-i} = [t-i]$ 기간의 실제값

$a = $ 지수평활 계수$(0 < a < 1)$

④ 이중지수평활법
- 이동평균법이 가진 단점을 보완시켜 선형추세 요인이 포함된 예측이다.
- 3개의 관측값과 평활계수 a가 필요하다.
- 관찰시점이 멀어짐에 따라 예측에 영향을 미치는 비중은 줄어드는 것을 전제로 하고 있다.
- 이중지수평활법의 풀이과정을 살펴보면 다음과 같다.
  → 1단계: 단순지수평활법에 의해 $(t-1)$의 추세값을 감안한 t기간의 예측값을 산출

  $$Y_t' = aY'_{t-i} + (1 - a(Y'_{t-i} T_{t-i})$$

  단, (T_{t-i}): 전기의 추세값

  → 2단계: 기간 t의 지수 평활 추세를 평활계수 β를 사용하여 산출

  $$T_t = \beta Y' - Y_{t-i} (1-) T_{t-i}$$

  → 3단계: 기간 t의 추세 조정 예측값을 다음과 같이 계산

  추세 조정 예측값 $= Y_t' + T_t$

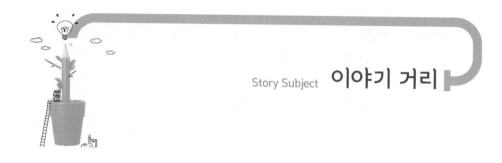

01. '서비스는 소멸성과 비분리성으로 재고로 관리할 수 없다'는 말은 무엇을 의미하는지 살펴보자.

02. '서비스 기업은 수요와 공급불균형에 대비하여 서비스 수요와 공급관리가 필요하다'라는 주장에 대하여 논의해보자.

03. 서비스 수요에 영향을 미치는 요인들을 알아보자.

04. 서비스 수요의 변화를 어떤 시장세분화 방법으로 파악해 볼 수 있을까?

05. 서비스 수요의 특성에는 어떤 것들이 있을까?

06. 불규칙적으로 발생하는 수요의 특성을 지닌 서비스 기업의 예를 들어보자.

07. 수요변동이 큰 서비스 기업과 수요변동이 적은 서비스기업의 유형을 논해보자.

08. 최고 수요수준에 최대 공급능력을 맞추어 설계된 서비스는?

09. 최고 수요가 최대 공급능력을 초과하는 서비스는?

10. 서비스 기업의 수요관리 전략에는 어떤 전략들이 있을까?

11. 수요재고화 전략이란 무엇이며, 어떤 전략이 있는지를 살펴보자.

12. 서비스 상품의 다양화라는 수요조절 전략을 실시하는 서비스 기업의 사례는?

13. 서비스 제공시간과 장소의 조절이 요구되는 서비스 기업은?

14. 수요조절 전략 중에 가격차별화라는 전략에 대해 논의해보자.

15. 가격에 대한 탄력적, 비탄력적 수요가 각각 존재할 때 가격차별화 전략을 어떻게 실시해야 할지를 고민해보자.

16. 서비스 수요예측기법 중에서 정성적 기법과 정량적 기법의 종류를 열거하고, 예측방법을 설명해 보자.

17. 정성적 기법과 정량적 기법을 목적, 표본, 자료수집, 자료분석방법 등의 관점에서 비교 분석을 해보자.

18. 가중이동평균법을 적용하여 어느 리조트 호텔의 성수기수요를 예측해보자.

19. 이중지수평활법을 이용하여 어느 복합몰 명품매장의 6개월 후의 매출액을 예측해보자.

제10장
서비스 수요 및 공급관리 전략

(1) 수요와 공급능력 간의 관계

• 서비스 공급능력은 고객을 수용할 수 있는 능력을 의미한다.

• 일반적으로 서비스 기업에서는 무형성과 보관의 어려움으로 인하여 수요와 공급능력 간에 4가지 상황이 발생한다.

1) 수요가 최대 공급능력을 초과하는 경우

• 어떤 고객들은 서비스를 받지 못하기 때문에 기회를 잃어버리게 되며, 서비스를 받은 고객도 사람이 붐비거나 인원 및 시설 부족으로 인하여 그 품질에 대한 불만을 가질 수 있다.

2) 수요가 적정 공급능력을 초과하는 경우

• 서비스를 못 받고 돌아가는 고객은 없지만, 시설의 과도한 사용, 혼잡 혹은 업무 과부화 발생으로 이 경우에는 서비스의 품질이 떨어질 수 있다.

3) 수요와 공급이 적정 수준에서 균형인 경우

• 직원과 시설이 이상적인 수준에서 서비스를 제공하며, 직원 누구나 업무 과부화가 없고, 시설 또한 가동률이 좋은 경우이다.

4) 수요가 적정 공급능력을 미치지 못하는 경우

- 인력, 장비 및 시설과 같은 생산자원이 효율적으로 활용되지 않고 있는 것이며, 이는 생산성 및 수익성 저하로 이어지게 된다.
- 고객 개인으로서는 시설을 충분히 활용할 수 있고, 기다리는 일도 없고, 직원들로부터 질 높은 서비스를 받을 수 있는 장점이 있다.
- 고객 개인으로서는 탁월한 품질의 서비스를 받게 된다.

(2) 공급능력의 제약조건

- 서비스 기업의 서비스 공급능력은 시간, 인력, 장비, 시설 등에 의해 좌우된다.
- 변호사, 컨설턴트 등은 시간을 판매하며, 적절한인력을 확보하여 고객을 만족시킬 수 있다.
- '항공·트럭 운송법'에서는 서비스 수요에 상응하는 공급능력을 갖추어야 한다.
- 호텔은 판매할 수 있는 객실 수에 의해, 항공사는 항공기의 좌석 수에 의해 제약을 받는다.

■ 서비스 유형별 공급능력의 제약조건

제약조건의 본질	서비스 유형
시간	법률, 컨설팅, 회계, 의료
인력	법률회사, 회계사무소, 컨설팅회사, 건강클리닉
장비	배달서비스, 전화, 네트워크서비스, 공공서비스, 헬스클럽
시설	호텔, 레스토랑, 병원, 공항, 학교, 극장, 교회

- 모든 서비스 산업은 공급능력에 제약이 있다.
- 서비스를 제한된 공급능력에 맞게 서비스 수요관리를 해야 한다.
- 서비스 수요관리에는 예약시스템 이용, 수요의 분산, 가격의 활용, 가격 차별화, 보완서비스 제공, 대체수요의 발굴전략이 있다.

(1) 예약시스템 이용

- 서비스 기업의 수요를 관리하기 위해 예약시스템을 이용할 수 있다.
- 예약을 통해 수요의 양과 시간을 사전에 파악할 수 있다면 이에 대응하는 공급관리도 보다 용이해진다.
- 예약은 기다리는 시간을 감소시켜 신뢰성 있는 서비스를 제공하는 기반을 마련해 준다.

(2) 수요의 분산

- 수요가 공급을 초과하거나 수요가 특정 시기에 집중하게 되면 수요를 분산
  하여, 수요를 균등하게,조정할 필요가 생긴다.
- 예를 들어 병원에서 주중의 어느 요일에만 집중적으로 환자가 많을 경우에
  는 특정 요일에 예약을 원하는 환자를 다른 요일로 예약을 유도한다.

(3) 가격의 활용

- 호텔 숙박비나 항공요금을 성수기에는 고가격으로 수익을 창출하고, 비 성수기에는 저가격으로 수요의 증가를 유도한다.
- 교통서비스 관련 기업이 수요탄력성에 따라 가격 차별화 전략을 실시한다.
  → 예컨대 할증요금제를 부과하게 되면 요금에 민감한 많은 고객들은 다른 교통수단으로 전환하게 되고 해당 교통서비스 제공 기업 입장에서는 사전에 기대한 수익을 내기 힘들게 된다.

(4) 가격 차별화

- 가격 차별화는 고객의 니즈needs와 특성에 따라 서비스 가격을 차별화하는 정책이다.
- 고가격의 고급서비스를 원하는 고객에게는 높은 가격을 책정한다.
- 저가격의 서비스를 원하는 고객에게는 낮은 가격을 책정한다.
- 항공권의 경우 '일등석, 비지니스석, 이코노미석'으로 세분화시켜 가격을 차별화하여 수요를 관리한다.

(5) 보완서비스 제공

- 보완서비스는 본질^{핵심}서비스에 추가하여 보완적으로 제공하는 서비스를 의미한다.
- 고객이 밀려드는 피크 시간 대에 기다리는 손님을 위해 마련하는 보완서비스로는 고객이 잡지나 TV 모니터를 보게 하거나, 음료를 즐길 수 있는 공간을 제공한다.
- 고급 레스토랑에서는 보완서비스 차원에서 바_{Bar}를 설치하여 피크 시간 대의 고객을 유도하여 기다리는 시간의 무료함을 달래 준다.

(6) 대체수요의 발굴

- 수요가 적어 서비스 시설 공급의 여력이 남아 있을 때 본 서비스 이외의 다른 용도로 서비스를 전환시켜, 새로운 대체수요를 창출한다.
- 예를 들어 비수기에 리조트호텔·콘도와 부대시설 등의 여유가 많을 때 '사원용으로 활용'하는 방안은 대체수요를 발굴하는 좋은 예가 된다.

(1) 서비스 공급관리 전략이란?

- 서비스 수요와 공급을 맞추기 위해 공급능력을 조절한다.
- 피크 시 수요가 발생할 때에는 공급능력을 확대한다.
- 수요가 적을 때에는 공급능력을 축소한다.
  → 서비스 공급은 대부분 비탄력적인데 비하여 서비스 수요는 탄력적이다.
  따라서 서비스 공급을 수요에 맞추는 전략이 요구된다.

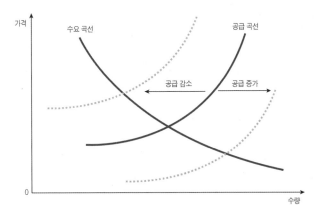

(2) 임시 고용직 활용

- 피크 시나 성수기 때 부족한 인력을 임시 고용직으로 보충하는 방안이다.
- 임시 고용직은 기업이 인적자원을 수요에 맞춰 재조정하여 공급능력을 효율적으로 증감시키는 것을 가능하게 한다.
- 예를 들어 리조트에서는 여름 동안만 근무하는 임시직을 고용하며, 세일기간의 백화점에서는 아르바이트 요원을 고용하여 수요를 충족시킨다.

(3) 가용 공급능력의 극대화

- 서비스 공급측면에서 가용 공급능력을 극대화시키는 전략이다.
- 성수기의 피크 시 수요발생에 대응하기 위해 장비와 인력을 집중적으로 배치한다.
- 장비와 인력을 피크 시 서비스 제공에 집중시키면 최대 공급능력이 향상되어 기업의 수익성이 높아지게 된다.

(4) 시설과 장비의 임차 및 임대

• 서비스 기업이 공급능력이 부족하여 수요를 제대로 맞추지 못할 경우 다른 기업이 보유한 시설과 장비를 임차하여 활용할 수 있다.
• 서비스 기업이 다른 기업에게 시설과 장비를 임대할 경우 임대로 인한 수익을 발생시킬 수 있다.
• 홍콩의 칸톤Canton거리에 소재한 옴니Omni그룹은 3개의 호텔을 소유하고 있는데 이들 호텔은 상호 간에 업무 제휴를 맺어 임차·임대를 통해 상호보완적으로 시설을 공동으로 이용하여 성공한 사례이다.

(5) 직원의 '다 직능 교육'

• 서비스 기업의 직원이 여러 직능의 업무를 수행할 수 있도록 교육을 받게 되면, 피크 시의 발생되는 업무에 직원을 재배치시켜 수요관리를 할 수 있게 하는 방법이다.
• 항공사들이 직원들에게 '티켓팅 업무, 탑승장 업무, 수하물 처리 업무' 등의 다양한 교육을 통해 여러 가지 일을 수행할 수 있도록 한다.

(6) 고객 참여 유도

- 서비스 기업은 고객을 서비스 제공과정에 참여시켜 일을 수행하는 직원의 수를 줄일 수 있게 하는 방법이다.
- 고객 참여를 통해 서비스 회사에서는 시간·비용을 절감하게 된다.
- 고객도 참여에 따른 보상낮은 가격의 서비스 등이 주어지는 이점이 있다.
- 고객 참여 유도의 대표적인 방식은 '셀프서비스'이다.

서비스 공급능력과
서비스 수요의 일치화 전략

(1) 수요를 공급능력에 맞추는 전략

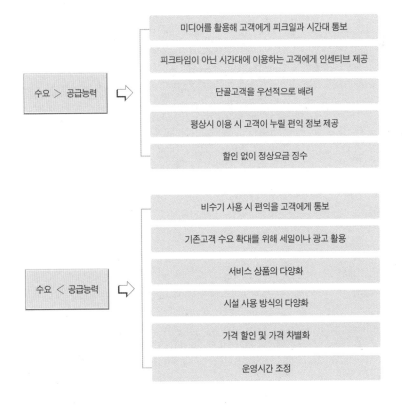

수요 > 공급능력

- 미디어를 활용해 고객에게 피크일과 시간대 통보
- 피크타임이 아닌 시간대에 이용하는 고객에게 인센티브 제공
- 단골고객을 우선적으로 배려
- 평상시 이용 시 고객이 누릴 편익 정보 제공
- 할인 없이 정상요금 징수

수요 < 공급능력

- 비수기 사용 시 편익을 고객에게 통보
- 기존고객 수요 확대를 위해 세일이나 광고 활용
- 서비스 상품의 다양화
- 시설 사용 방식의 다양화
- 가격 할인 및 가격 차별화
- 운영시간 조정

(2) 공급능력을 수요에 맞추는 전략

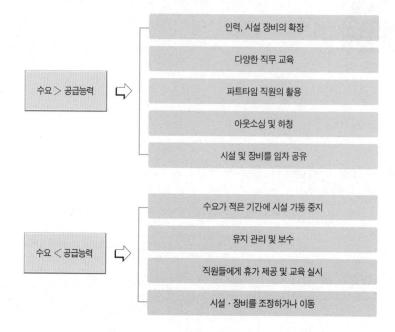

수요 > 공급능력 ⟹
- 인력, 시설 장비의 확장
- 다양한 직무 교육
- 파트타임 직원의 활용
- 아웃소싱 및 하청
- 시설 및 장비를 임차 공유

수요 < 공급능력 ⟹
- 수요가 적은 기간에 시설 가동 중지
- 유지 관리 및 보수
- 직원들에게 휴가 제공 및 교육 실시
- 시설·장비를 조정하거나 이동

01. 무형성과 보관의 어려움으로 인해 수요와 공급 간의 4가지 상황이 발생된다. 이 4가지 상황이란 어떤 상황인지 설명해보자.

02. 수요가 최대 공급능력을 초과하는 경우를 고려해보자. 이 경우 고객서비스에 어떤 영향을 미치게 될까?

03. 수요가 적정 공급능력을 초과하는 경우를 고려해보자. 이 경우 고객서비스에 어떤 영향을 미치게 될까?

04. 수요와 공급이 적정수준에서 균형인 경우를 생각해보자. 이 경우 고객서비스에 어떤 영향을 미치게 될까?

05. 수요가 적정 공급능력에 다다르지 못하는 경우를 생각해보자. 이 경우 고객서비스에 어떤 영향을 미치게 될까?

06. 서비스 기업의 서비스 공급능력에 영향을 미치는 요인에는 어떤 것들이 있을까?

07. 공급능력의 제약조건, 즉 시간, 인력, 장비, 시설별 서비스의 유형을 고찰해보자.

08. 제한된 공급능력에 맞게 서비스 수요를 관리해야 한다. 서비스 수요관리에 적용되는 전략을 논해보자.

09. 예약시스템을 실시할 경우 서비스공급과 수요에 미치는 영향을 분석해보자.

10. 수요의 분산을 유도하기 위해 활용될 수 있는 전략의 사례를 들어 설명해보자.

11. 가격을 활용한 수요관리 전략의 예를 논의해보자.

12. 수요탄력성에 따라 가격 차별화 전략을 실시해야 한다. 그 이유를 사례를 들어 설명해보자.

13. 가격 차별화 전략으로 수요를 관리하는 방법을 사례를 들어 설명해보자.

14. 보완서비스는 어느 경우에 필요하고, 이 보완서비스에는 어떤 전략이 있나?

15. 대체수요란 무엇이고. 대체수요가 요구되는 사례를 들어 설명해보자.

16. 서비스 공급관리 전략에서 피크 시 수요발생 시 공급능력 확대, 수요가 적을 때 공급능력 축소전략을 활용하는데 이를 그래프를 그려 설명해보자.

17. 임시 고용직으로 보충하는 전략은 어느 경우에 필요한지 논해보자.

18. 가용 공급능력을 극대화시키는 방안에 대해 고찰해보자.

19. 시설과 장비의 임차 및 임대 방안은 어느 경우에 활용되나?

20. 직원의 '다 직능 교육'은 어느 전략에 속하며 왜 필요한지를 논해보자.

21. 고객의 서비스 참여를 유도하게 되면 서비스 기업에 어떤 편익이 돌아올까?

22. 수요 > 공급일 때 수요를 공급능력에 맞추는 전략은 어떤 것들이 있나?

23. 수요 < 공급일 때 수요를 공급능력에 맞추는 전략은 어떤 것들이 있나?

24. 수요 > 공급일 때 공급능력을 수요에 맞추는 전략은 어떤 것들이 있나?

25. 수요 < 공급일 때 공급능력을 수요에 맞추는 전략은 어떤 것들이 있나?

서비스 프로세스와 물리적 환경

Service Brand Marketing

제11장
서비스 프로세스와 청사진

11.1 서비스

(1) 서비스란?

- 우리는 서비스 시대에 살고 있다.
- 은행 업무를 보는 것, 병원에 진료를 보러 가는 것, 관광지를 찾는 것, 보험사 직원을 만나는 일, 음식점에 식사를 하러 가는 것, 학교에 수업을 받으러 가는 이 모든 일상생활이 서비스와 관련되어 있다.
- 서비스 측면에서 살펴보면, 은행금융서비스, 의료서비스, 여행서비스, 보험서비스, 음식서비스, 교육서비스가 이에 해당된다.
- 제품은 기계나 로봇에 의해 대량생산이 가능하고, 품질의 동질성을 유지할 수 있지만, 서비스는 그 특성상 어려운 것으로 여겨져 왔다. 그러나 서비스도 프로세스 관리만 잘하면 제품처럼 서비스의 동질성이 확보될 수 있다.
- 서비스 프로세스는 고객에 대한 서비스 제공 프로세스를 통해 최종 서비스로 변환시키는 과정이다.

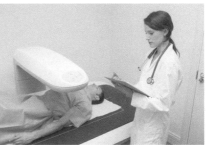

(2) 글로벌 서비스 시대를 알리는 징후

- 경제와 일자리에서 서비스 부문의 기여도가 지배적으로 나타나고 있다.
- 상품이 종전보다 시장의 변화를 예측한 니즈needs를 반영하는 추세이다.
- 상품의 무형적intangible 요소가 중요한 시기에 접어들고 있다.
- 서비스 중심의 새로운 산업들이 등장하고 있다.
- 서비스 부문은 인구통계적 변화와 밀접한 관계가 있다.

인구통계적 변화 ⇨	고령화에 따른 어른신에 대한 의료서비스 수요 증가
	베이비붐 세대가 55세 전후로 우회하게 되므로 건강관리와 금융서비스에 대한 수요 증가
	수명 연장으로 건강 관련 서비스 수요 증가
	여가활동을 위한 가용 시간은 레스토랑, 리조트, 호텔서비스 수요에 반영

| 11.2 | 서비스 프로세스 관리 |

(1) 서비스 프로세스란?

- 서비스 프로세스는 서비스가 전달되어지는 절차나 흐름을 말한다.
- 프로세스process는 투입물input을 산출물output로 전환시키는 과정을 의미한다.
- 제조업체의 상품 생산 프로세스는 원자재, 노동, 기술, 지식 등을 투입해 최종산출인 제품을 만드는 과정이다.
- 이와 대조적으로 서비스 생산 프로세스는 고객에 대한 서비스 제공 프로세스를 통해 최종 서비스로 변환시키는 과정으로 이해할 수 있다.

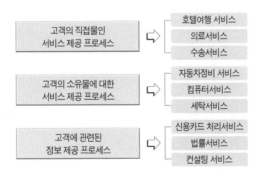

| 서비스 프로세스 |

(2) 서비스 프로세스의 종류

1) 표준화(standardization) 서비스 프로세스

- 서비스 전달과정을 표준화하여 일관적이고 대량적 서비스를 제공하는 프로세스를 말한다.
- 표준화 프로세스는 많은 고객을 상대하면서 고객의 참여수준이 낮은 서비스업체에 적합하다.
- 저가를 기반으로 경쟁우위를 확보하려는 서비스 기업에 적합한 프로세스의 유형이다.
- 예컨대 진에어, 제주항공 등 저가항공사들이 저가를 실현하기 위해 단거리 위주의 노선운행과 기내식이 제공하지 않는 표준화 서비스 프로세스로 마케팅하고 있다.

2) 고객화(customization) 서비스 프로세스

- 서비스 전달과정을 고객화 함으로써 고객의 다양한 요구에 대응할 수 있는 프로세스를 말한다.
- 고객화 서비스 프로세스는 고객의 참여수준이 높은 서비스업체에 적용되며, 고객의 다양한 욕구충족에 목표를 준 프로세스이다. 예컨대 아랍에미레이트 항공은 첨단성능의 여객기와 고객별 수준 높은 고객화 서비스 제공으로 마케팅을 하고 있다.

(3) 왜 서비스 프로세스 관리가 필요할까?

- 서비스 프로세스를 살펴보는 목적은 서비스 처리과정을 도식화하고, 작업의 흐름을 파악함으로써 생산성을 높이고 리드타임을 줄일 수 있는 준거를 확보하기 때문이다.

- 서비스 프로세스의 틀을 잡고 분석함에 있어서 서비스 운영상에서 나타나는 문제와 실패요인 등을 찾아낼 수 있게 된다.

서비스 프로세스를 관리하는 목적

① 불필요한 서비스 처리과정은 없는가?

② 단순화할 수 있는 서비스는 무엇일까?

③ 서비스 구조를 재설계함으로써 서비스 소요시간을 단축할 수는 없을까?

④ 적은 비용을 투입하여 서비스를 개선할 수 있는 방안은?

⑤ 레이아웃을 변경함으로써 이동시간을 줄일 수 없을까?

⑥ 어느 서비스 제공 공간 또는 장소에서 병목현상이 일어나는가?

⑦ 어느 서비스 단계에서 시간이 가장 많이 지연되는가?

⑧ 자동화를 통해 수요를 분산시킬 방안은 없을까?

⑨ 어느 서비스 단계에서 고객에게 불편을 초래하는가?

⑩ 고객에게 과잉서비스를 베푸는 것은 아닐까?

⑪ 고객과의 접촉빈도가 많은 전방부onstage에서 직원들의 서비스가 적절한가?

⑫ 후방부backstage에서의 고객지원 활동은 효율적으로 이루어지고 있는가?

⑬ 효과적인 업무처리를 위해 직원교육은 제대로 이루어지고 있는가?

⑭ 서비스 전달과정이 표준화되어 있는가?

⑮ 고객에게 일관성 있는 서비스 질을 제공하기 위해 표준화된 업무처리기준 지침이 구축되어 있는가?

⑯ 실수 발생 가능점공간과 시간은 어디에 있으며, 그 원인을 파악할 수 있을까?

(4) 서비스 프로세스 분류(고객과의 교류측면)

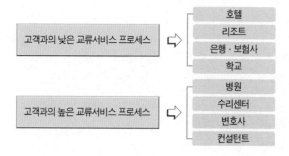

11.3 서비스 프로세스 디자인

(1) 서비스 프로세스 디자인 고려사항

• 표준화 서비스 프로세스와 고객화 프로세스를 고려사항별로 비교하면 다음
  과 같다.

1) 설비위치

• 표준화: 생산, 운송시스템 등의 설비가 작업자 주변에 위치
• 고객화: 생산, 운송시스템 등의 설비가 고객 주변에 위치

2) 상품 디자인

• 표준화: 단순하고 규격화
• 고객화: 복잡하고 다양화

3) 프로세스 디자인

• 표준화: 물리적, 시스템적 서비스와 신속한 서비스에 중점
• 고객화: 인적 서비스를 통한 고객의 다양한 욕구에 대응

4) 생산계획

• 표준화: 수요예측이 가능하므로 공급물량 파악이 용이하여 서비스의 예측

제공이 가능

- 고객화: 고객 맞춤형 서비스를 제공해야 하므로 사전예약과 주문이 필요

5) 직원의 능력

- 표준화: 분업화에 따른 직원의 효율적 업무수행 측면이 강조
- 고객화: 직원의 고객과의 소통과 사교능력

(2) 서비스 프로세스 디자인 과정

- 1단계: 모든 고객과의 접점을 파악하고 분석한다.
- 2단계: 고객 접점 플로우 차트flow chart 또는 서비스 사이클을 작성한다.
- 3단계: 서비스 청사진service blueprint을 만든다.
- 4단계: 고객 접점별 서비스 제공에 관한 표준화 프로세스 및 매뉴얼을 작성한다.
- 5단계: 부서 간 조정 및 통합작업을 거쳐 디자인을 완료한다.

11.4 서비스 프로세스 전략

(1) 구매과정상의 서비스 프로세스 전략

1) 구매 전 서비스 프로세스 전략

• 서비스 구매 전 대기시간이 짧게 느껴지게 하려면?

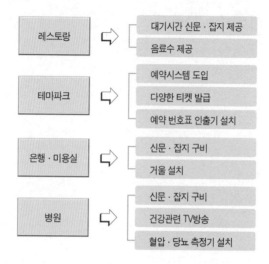

레스토랑 ⇨ 대기시간 신문·잡지 제공
음료수 제공

테마파크 ⇨ 예약시스템 도입
다양한 티켓 발급
예약 번호표 인출기 설치

은행·미용실 ⇨ 신문·잡지 구비
거울 설치

병원 ⇨ 신문·잡지 구비
건강관련 TV방송
혈압·당뇨 측정기 설치

2) 구매 중 서비스 프로세스 전략

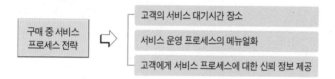

구매 중 서비스
프로세스 전략 ⇨ 고객의 서비스 대기시간 장소
서비스 운영 프로세스의 매뉴얼화
고객에게 서비스 프로세스에 대한 신뢰 정보 제공

3) 구매 후 서비스 프로세스 전략

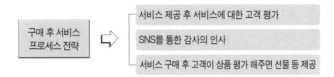

(2) 서비스 프로세스 전략

• 서비스 프로세스와 관련하여 Shostack1984은 가시선이란 경계선을 설정하여
고객이 서비스를 받는 과정과 고객이 볼 수 없는 준비과정으로 구분하여 분
석의 틀을 제시했다.

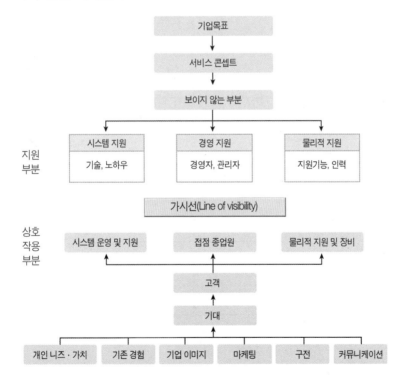

11.5 서비스 프로세스

(1) 서비스 프로세스

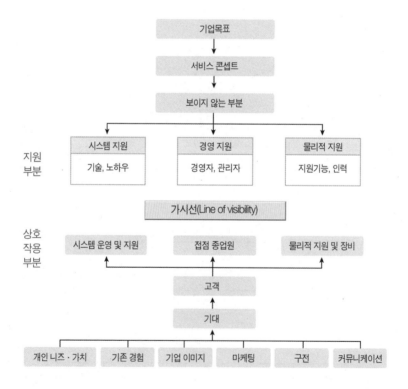

- 서비스 프로세스에서는 기업목표에 따라 서비스 컨셉트를 설정한다.
- 고객 측면에서 서비스 생산구조를 구축한다.
- 서비스에서 고객은 서비스 프로세스에 참여하는 자원으로 볼 수 있다.

(2) 고객에게 보이는 부분

- 가시선 밑의 시스템을 운영자원의 그 예로는 인터넷 쇼핑과 같은 웹사이트 구매시스템, 콜택시, 대리운전, 심부름센터 등이 있다.
- 서비스 기업에서는 고객과의 상호작용이 이루어지는 접점종업원들의 서비스에 각별한 초점을 맞추어야 한다.
- 물리적 자원과 설비는 고객 서비스에 필요한 물리적 자원을 의미한다. 물리적 자원의 예로는 웹사이트, 택시, 오토바이, 화물차량 등이 있다.

(3) 고객에게 보이지 않는 부분

- 가시선 위의 보이지 않는 부분의 시스템 지원은 정보기술, 건물, 사무실 등의 지원을 말한다.
- 항공사의 경우 예약, 발권, 운송, 운송 후 고객관리 등을 총체적으로 관리하는 전산시스템을 구축하고 있다Skypass 등.
- 경영자는 서비스 전략 등을 수립하여 해당 서비스 산업의 접점 직원과 지원 직원들의 성과를 유도해야 한다.
- 지원부서는 접점 직원들의 효율적인 작업을 위해 다방면으로 지원을 아끼지 않아야 한다.

11.6 서비스 청사진

(1) 서비스 청사진(service blueprint)의 필요성

- 서비스 청사진은 서비스 프로세스를 직원, 고객, 기업 측면에서 서비스 전략과 서비스의 역할과 흐름을 일목요연하게 정리 해놓은 그림이다.
- 마치 건축의 설계도면처럼 서비스의 순서, 단계, 동선 등을 한 눈으로 조망할 수 있도록 짜놓은 청사진이다.
- 청사진을 서비스 상품 개발과 설계 단계에서 전체 프로세스를 조망하여 효과적인 서비스 전달시스템을 구축하는데 유용한 방법이다.
- 예컨대 피부과 서비스를 받고자 하는 환자고객의 측면에서 동선을 살펴보면 다음과 같다.
- 이런 피부과 서비스의 프로세스를 고객의 행동, 직원의 행동, 지원 프로세스, 상호작용선, 가시선, 내부상호작용선을 통해 재구축한 설계안이 서비스 청사진이라고 한다.

| 피부과 선택 하기 |
| 예약 전화 하기 |
| 피부과까지 차로 가기 |
| 의사 상담하고 진찰 받기 |
| 처방 받기 |
| 진료비 내기 |
| 약국에서 약 받기 |

| 피부과 서비스를 받는 프로세스 |

(2) 서비스 청사진 구축의 효과

- 고객과 직원 사이의 상호 교호작용을 통해 고객이 경험하는 서비스 품질을 인식하게 한다.
- 직원들이 본인이 하는 서비스와 전체서비스와의 관계를 조망할 수 있어 효율적인 직무를 수행할 수 있게 된다.

- 직원들에게 서비스를 구성하는 단계와 요소 간의 연계성에 대한 이해를 도와줌으로써 해당부서뿐 아니라 전체서비스를 아우르는 협업체계를 구축하여 업무를 효과적으로 추진할 수 있는 여건이 조성된다.
- 서비스 프로세스의 단계별, 요소별로 투입된 자본, 비용, 그리고 이로 인한 이익 등을 분석하고 평가하는 기반을 마련해 준다.
- 서비스 프로세스상에서 고객 접점서비스의 취약한 시공간을 파악할 수 있게 된다.
- 서비스 프로세스상에서 서비스 병목현상과 지점을 인식하게 해준다.
- 가시선은 고객이 볼 수 있는 부분과 직원이 고객과 접촉하는 부분을 알게 해주어서 효과적인 서비스를 디자인할 수 있는 기반을 마련해 준다.
- 직원들은 청사진 구축과정에 참여하여 상하 간, 부서 간 서비스 경험을 논의하고, 개선전략을 수립할 수 있게 된다.
- 서비스 청사진의 계획과 실천과정에서 얻어지는 경험과 통찰을 바탕으로 마케팅 전략을 세울 수 있게 된다.
- 직원들이 고객지향적인 사고와 행동을 유도하는 기반이 된다.

(3) 서비스 청사진은 어떤 것들로 구성되어 있나?

- 서비스 청사진은 고객행동 프로세스, 직원서비스 프로세스, 지원 프로세스 3가지로 구성되어 있다.

1) 고객행동 프로세스

- 고객의 서비스에 대한 행동을 분석하여 고객의 요구를 서비스의 단계별로 그린 것이다. 고객행동 프로세스가 우선적으로 작성되어야 이에 따른 직원서비스와 지원 프로세스가 추가되어 전체적인 서비스 청사진이 구축된다.

2) 직원서비스 프로세스

- 고객 접점에서 고객과의 상호교류를 기반으로 가시적으로 나타나는 직원의 서비스를 그린 것이다.
- 직원의 서비스 프로세스는 전방부와 후방부로 나누어진다. 후방부 직원의 프로세스는 전방부 직원들과의 밀접한 관계 속에서 이루어지고 있음을 알 수 있다.

3) 지원 프로세스

- 직원의 효율적인 서비스 업무를 지원해 주기 위한 회사 내부의 지원 프로세스지원시스템 포함를 의미한다.

(4) 고급호텔의 서비스 청사진의 예

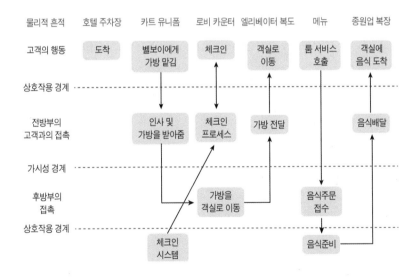

- 고급호텔에서 고객의 행동, 전방부onstage의 직원활동, 후방부backstage에서 의 직원활동, 지원 프로세스 가시성 경계line of visibility 등으로 구분하여 서비스 청사진을 구축하였다.

(5) 음식점의 서비스 청사진의 예

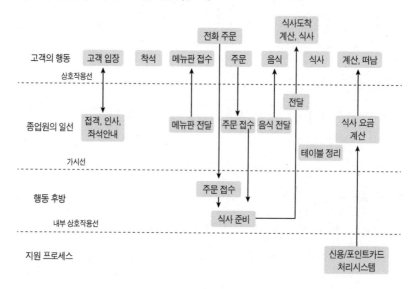

(6) 레스토랑(카페테리아 스타일) 프로세스의 청사진과 대안

1) 레스토랑의 현재의 청사진

에피타이저 카운터 →	샐러드 카운터 →	핫후드 카운터 →	디저트 카운터 →	드링크 카운터 →	캐쉬어

	에피타이저 카운터	샐러드 카운터	핫후드 카운터	디저트 카운터	드링크 카운터	캐쉬어
직원 인건비	8,000원/시	8,000원/시	8,000원/시	8,000원/시	8,000원/시	8,000원/시
스테이션 숫자	1	1	1	1	1	1
행동시간	15초	30초	60초	40초	20초	30초
프로세스 시간	15초	30초	60초	40초	20초	30초
최대산출량/시	240	120	* 60	90	180	120

* 병목지점을 의미함 [서비스 비용/음식=50,000원/60초=833.3원]

- 그림에서처럼 레스토랑의 전체 프로세스가 고객이 알 수 있게 공개하였다.
- 레스토랑의 서비스 비용을 계산하기 위해 다음과 같은 절차를 거친다.

① 프로세스 시간=행동시간/스테이션 수,
   여기서 행동시간=해당 행동activity을 수행하는데 소요되는 시간
② 각 위치별 최대산출량/시=각 위치별로 서비스를 받는 사람 수
③ 서비스 비용/음식=총인건비/시간/최대산출량/시간
   총인건비는 시스템 전체의 인건비의 합이므로 50,000원[(8,000원×5개소)+10,000원×1개소)]이 된다.
④ 최대 산출량=최저 수준에서의 최대 산출량 최저 수준에서의 최대 산출량
   =60명/시간
⑤ 서비스 비용/음식=50,000원/60=833.3원

- 여기서 최저 수준에서의 최대 산출량을 대차는 이유는 무엇일까?
- 최저 수준에서의 최대 산출량은 전체 시스템에서 시간당 프로세스 되는 최대의 사람, 숫자로 보면 된다.
- 위의 예에서 에피타이저 카운터에서는 시간당 240명이 프로세스 된다. 하지만, 샐러드 바에서는 단지 120명밖에 프로세스 될 수밖에 없다.
- 1시간 후의 상황을 미리 보자. 1시간 후에는 120명의 남은 고객240~120이 샐러드 바에서 기다리고 있게 된다. 왜? 샐러드 바에서 처리할 수 있는 용량이 120명이므로 에피타이저 바에서 넘어온 120명은 샐러드 바에서 기다릴 수밖에 없다.
- 같은 맥락에서 핫 푸드바 카운터에서는 60명의 고객만 처리할 수 있으므로, 이 60명의 용량이 전체시스템에서 최저 수준에서의 최대 산출량이 된다.
- 따라서 60명을 시간당 최대 산출량으로 산정하게 되는 것이다.

2) 레스토랑의 수정된 프로세스 청사진

	에피타이저 카운터	샐러드 카운터	핫후드 카운터	디저트 카운터	드링크 카운터	캐쉬어
직원 인건비	8,000원/시	8,000원/시	8,000원/시	8,000원/시	8,000원/시	8,000원/시
스테이션 숫자	1	1	1	1	1	1
행동시간	15초	30초	60초	40초	20초	30초
프로세스 시간	15초	30초	60초	40초	20초	30초
최대산출량/시	240	120	60	* 90	180	120

* 병목지점을 의미함 [서비스 비용/음식=58,000원/60초=644.4원]

- 위의 예에서 병목지점Bottleneck은 고객이 가장 많이 기다리는 지점이다.
- 이 병목지점을 해결하기 위해 핫 푸드 바에 2개의 스테이션을 설치해 보기

로 하자. 핫 푸드의 프로세스 시간은 30초60초/2로 떨어지게 된다.

- 이렇게 되면 병목지점이 디저트 카운터가 된다. 다시 말하면 90명/시의 최대 산출량을 가진 디저트 카운터에서 대기행렬이 발생할 차례가 된다.
- 이번엔 핫 푸드 바 카운터에 8,000원/시를 받는 새로운 직원 한 명이 추가되더라도 디저트 카운터 고객처리 용량이 늘어나 음식당 서비스 비용이 644.4원으로 줄어들게 되었다.

3) 서비스 마케팅 측면의 청사진 대안

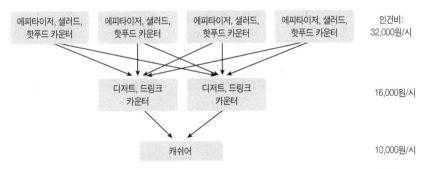

	애피타이저, 샐러드, 핫푸드 카운터	디저트, 드링크 카운터	캐쉬어
스테이션 숫자	4	2	1
행동시간	105초	60초	30초
프로세스 시간	26.25초	30초	30초
최대산출량/시	137.14	* 120	* 120

- 여기서 마케팅 매니저는 전체 프로세스를 변환시킴으로써 서비스 비용을 줄일 수 있는 방안을 떠올리게 된다.
- 기존 레스토랑 프로세스에서 고객을 카운터를 따라가면서 서비스를 받는 구도여서 각 카운터별로 하나의 선택밖에 못하게 된다.
- 핫 푸드바 카운터에서 오랜 시간을 기다렸던 이유이다.

• 그림에서 고객은 줄어든 스테이션을 이용하게 된다.
• 마케팅 부서의 관점에서는 음식당 서비스 비용이 줄어들게 하는 장점을 지닌 대안으로 볼 수 있다.

(7) 서비스 병목 프로세스 개선전략

1) 대기관리 전략

① 고객이 서비스 대기시간이 얼마 안 되게 느껴지도록 하는 방안
• 호텔 및 병원: 엘리베이터 근처에 대형 거울 비치
• 병원: 예약시스템 도입과 혈압측정기 등 의료장비의 설치
• 레스토랑: 대기시간에 차나 음료수 제공
• 은행 및 헤어숍: 신문이나 잡지 등 읽을거리 제공
• 테마파크: 직렬 대기라인을 병렬 대기라인 등으로 전환

② 예약시스템을 도입하는 방안
• 수요가 일정 시간대에 집중적으로 발생할 경우에 수요를 분산시키기 위해서 예약시스템을 도입하는 방안이다.

- 레스토랑이나 병원 등 서비스 업체의 경우 사전에 예약을 하게 되면 고객이 기다림 없이 서비스를 받을 수 있게 하는 것이다.

③ 대기시간을 알려주는 방안
- 기다리는 시간을 고객에게 알려주어 대기시간을 예측 가능하게 해주는 방안이다.
- 대기시간에 대한 정보를 고객에게 제공하여 고객의 대기시간을 지루하게 만들지 않는다는 것이다.

④ 먼저 온 고객 우선서비스 제공(first come, first serve)시스템 도입 방안
- 먼저 서비스 업체에 도착한 고객을 우선적으로 서비스를 제공하는 방안이다.
- 대기번호표 등을 활용하여 이런 원칙이 지켜지도록 유도해야 한다.

⑤ 고객에게 대기시간을 사전에 알려주는 방안
- 고객에게 수요가 집중적으로 발생하는 시기를 사전에 알려주어 수요를 관리하는 방안이다.
- 고객에게 비첨두시off-peak time를 알려주어 질 높은 서비스를 받을 수 있도록 유도한다.

2) 고객이 서비스에 참여하게 하는 전략

① 고객이 서비스에 참여

- 고객이 서비스 생산과정에 참여하여 서비스를 창출해 내는 방안이다.
- 고객이 자신에게 제공되는 서비스의 일부분을 담당하는 것이다.
- 주유소에서 셀프 주유대를 설치하여 고객을 서비스 프로세스에 참여시켜 유류 가격을 낮추어 준다.
- 레스토랑에서 샐러드 바 등을 구비하여 대기고객에게 셀프서비스 시스템에 참여를 유도하고 있다.

② ICT 기기의 활용 유도

• 인력 중심의 서비스를 ICT 기기 서비스로 대체하는 방안이다.

• 자동판매기, 현금자동인출기, 무인경비시스템 등의 출현은 서비스 인력을 감소시켜 주면서 동시에 고객 대기시간을 줄여주는 이점이 있다.

③ 온라인 예약시스템의 도입

• 고객이 온라인으로 예약을 함으로써 서비스를 제공받는 방안이다.

• 인터넷이나 PC통신을 통해 상품을 사고파는 E-Commerce 등으로 고객을 유도한다.

• 고객이 온라인에 직접 예약하거나 주문을 함으로써 대기시간이 발생되지 않고, 서비스 업체에서는 서비스 제공비용이 생겨나지 않는 이점이 있다.

(8) 서비스 청사진에서의 복잡성과 분기성

- 서비스 분야에서 상품을 개발할 때 복잡성complexity과 분기성divergence이라는 2개의 선택 대안이 주어진다.
- 분기, 즉 갈라지기를 줄이면 비용 감소를 가져오나 시스템에서의 창조성과 유연성이 줄어 들 수 있다.
- 예로서 수영장을 시공하는 건설사가 미리 만들어 놓은 조립식 바이닐 수영장을 만들게 되면 운영은 단순해진다.
- 단순한 운영은 운영상의 분기성, 즉 갈라짐을 줄이게 되어 생산비는 저렴해진다.
- 고객 입장에서 보면 분기성을 줄이면 균일된 서비스의 질이 제공되고, 신뢰성이 제고된다.
- 그러나, 갈라짐이 줄어들게 됨에 따라 고객 한 사람 한 사람의 기호나 니즈에 적합한 맞춤형 서비스의 제공은 그만큼 힘들어 진다.
- 그래서 분기성갈라짐을 증가시키면 각 고객에게 맞는 서비스를 제공하게 되어 유연성이 커진다.
- 하지만, 서비스 가격은 당연히 높을 수밖에 없다.
- 예컨대 수영장 건설사가 고급호텔에 VIP 고객을 위한 맞춤형으로 객실, 부대시설, 수영장을 설계하고 시공한다고 하자.
- 이 경우 서비스를 관리, 조정, 통제, 배분하기가 더욱 더 어려워지게 된다.
- 또한 고객이 맞춤형 서비스에 상응하는 높은 가격의 지불을 꺼려할 수도 있게 된다.

(9) 꽃가게의 서비스 청사진의 예

1) 단순한 꽃가게 서비스 청사진

• 그림은 전통적인 꽃가게의 서비스 프로세스를 나타내주고 있다.
• 꽃가게 서비스 프로세스에는 몇 가지 단계로 구성되어 비교적 단순한 시스템으로 볼 수 있다.

가시선(Line of visivility)

주문받기 ⇨ 꽃바구니 고르기 ⇨ 꽃 고르기 ⇨ 꽃바구니 꽃꽂기 ⇨ 배달 ⇨ 꽃값받기

| 꽃가게 서비스 프로세스 |

2) 세분화된 꽃가게 서비스 청사진

• 앞의 단순한 꽃가게 서비스 프로세스를 세분화하여 효율적으로 운영하게 되면 배달시간을 단축시킬 수 있고, 비용을 절감할 수 있게 된다.

01. 글로벌 서비스 산업 시대를 알리는 징후에는 어떤 것들이 있나?

02. 인구통계학적 변화가 서비스 산업에 미치는 영향은 무엇일까?

03. 서비스 프로세스에서 고객에게 직접적인 서비스를 제공하는 서비스는 어떤 것들이 있나?

04. 서비스 프로세스에서 고객 소유물에 대한 서비스를 제공하는 서비스는 어떤 것들이 있나?

05. 서비스 프로세스에서 고객에 관련된 정보서비스를 제공하는 서비스에는 어떤 것들이 있나?

06. 서비스 프로세스란 무엇인가 고민해보자.

07. 서비스 청사진의 필요성이 무엇인지 고려해보자.

08. 서비스 프로세스에서 가시선(line of visibility)이란 어떤 의미가 있나?

09. 가시선 전방부와 후방부의 서비스가 어떻게 다른지 설명해보자.

10. 서비스 분야에서 상품을 개발할 때 복잡성(complexity)과 분기성(divergence)이라는 2개의 선택 대안이 주어진다고 한다. 여기서 복잡성과 분기성은 무엇을 의미하나?

11. 호텔을 선택하여 서비스 프로세스를 분석해보자. 그리고 이 호텔의 전방부와 후방부 서비스가 어떻게 다른지를 살펴보고, 서비스 개선 대안을 모색해보자.

12. 표준화 프로세스는 무엇을 의미하는가?

13. 고객화 프로세스란 어떤 프로세스를 말하는가?

14. 표준화 프로세스와 고객화 프로세스를 고려항목별로 비교해보자.

15. 표준화와 고객화 프로세스를 디자인 할 때 어떤 사항들을 고려해야 하는가?

16. 서비스 병목지점에서의 대기시간 전략에 대해 논의해보자.

17. 서비스 업종별 대기시간 관리방안에 대해 사례분석을 해보자.

18. 원가중심 프로세스 전략을 사례를 들어 설명해보자.

19. 차별화 프로세스 전략에는 어떤 것들이 있는지 논의해보자.

20. 서비스 청사진을 이용한 프로세스 디자인할 때의 장점이 무엇인지 설명해보자.

21. 프로세스 분석의 목적과 적용과정을 논의해보자.

22. 서비스 디자인 과정을 설명해보자.

23. 서비스 프로세스를 개발하는 과정을 사례를 들어 논의해보자.

제12장

서비스 물리적 환경과 요소

12.1 물리적 환경

(1) 물리적 환경이 서비스 스케이프

- 물리적 환경이 서비스 스케이프service scape를 말한다.
- 서비스 스케이프는 조경이나 풍경의 랜드 스케이프land scape와 도시 경관의 시티 스케이프cityscape 등에 따라 서비스service에 스케이프scape를 합친 용어이다.
- 서비스의 풍경, 모양, 외관, 물리적 환경 등의 의미를 포괄하는 뜻으로 서비스 스케이프servicescape라고 한다.

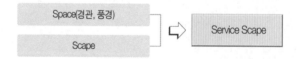

(2) 물리적 환경과 영향력

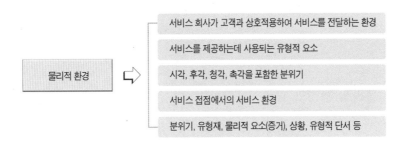

| 물리적 환경이 서비스 회사에 미치는 영향력 |

- 서비스 스케이프는 다시 말하면 서비스를 구성하고 있는 물리적 환경으로 볼 수 있다.
- 물리적 환경이란 서비스가 제공되고 서비스와 고객이 상호작용하는 물리적 환경을 말한다.
- 서비스 스케이프는 물리적 증거physical evidence를 포함하는 총제적 환경을 의미한다.
- 여기서 물리적 증거란 서비스 조직과 고객의 상호작용이 이루어지는 환경을 의미한다. 즉, 무형적 서비스를 제공하는데 필요한 유형적 요소이다.

(3) 물리적 환경의 중요성

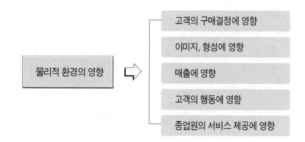

(4) 물리적 환경의 요소

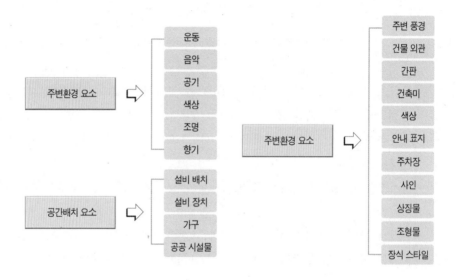

12.2 물리적 환경과 유형적 요소

- 물리적 환경은 고객의 서비스 경험에 영향을 준다.
- 물리적 환경은 고객의 감성, 만족과 연결된다.
- 물리적 환경은 다른 고객과 서비스를 공유하면서 경험하는 사회적 작용에도 영향을 미치게 된다.
- 고객에게 영향을 주는 물리적 환경은 안내판, 조경, 옥외주차장과 같은 외부 속성과 실내장식, 디자인, 배치와 같은 내부 속성을 포합하고 있다.

| 외부 속성 |

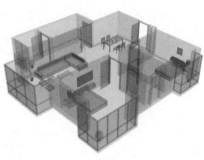

| 내부 속성 |

(1) 물리적 환경과 유형적 요소

| 물리적 환경 |

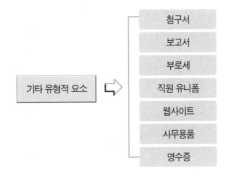

| 유형적 요소 |

(2) 고객이 바라 본 병원의 물리적 요소

(3) 고객이 바라 본 항공사의 물리적 요소

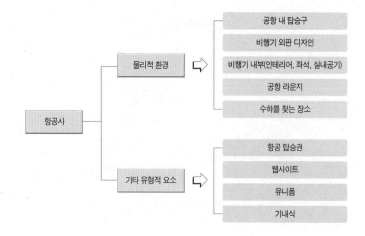

(4) 고객이 바라 본 공연장의 물리적 요소

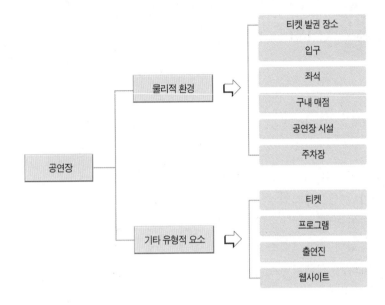

12.3 물리적 환경의 행태에 따른 서비스 산업분류

- 셀프서비스_고객만이 이용하는 서비스
- 공항의 셀프체크인 키오스크
- 온라인 서비스
- 주유소의 셀프서비스 주유대
- 테마파크 셀프서비스 위락시설

- 원격서비스_고객이 서비스 시설을 보지 않고 제공받는 서비스
- 금융 컨설팅
- E-쇼핑
- 택배주문 서비스
- 보험회사

- 상호교류 서비스_고객과 직원 모두 교류활동에 참여하는 서비스
- 레스토랑
- 호텔
- 병원
- 은행
- 항공
- 학교

12.4 물리적 환경이 고객 행동에 미치는 영향

(1) 서비스 스케이프가 고객 행동에 미치는 영향 사례

- 건축가인 A씨가 뉴욕 맨하튼에 출장을 가서 하루 종일 근무를 하고, 저녁식사를 하러 첼시 지역으로 나왔다.
- 이때 품격이 높아 보이는 복고풍 외관 디자인에다 세련된 인테리어로 설계된 레스토랑이 A씨의 눈길을 사로잡았다.
- 여기에 더하여 A씨가 평소 좋아하는 그윽한 고르곤졸라 피자의 치즈 향이 A씨의 발길을 잡는다. "오! 바로 여기야"하고 외친다.
- A씨는 '이 곳에서 오늘 저녁을 먹어야지' 하고 레스토랑으로 들어간다.
- 이처럼 서비스 스케이프가 고객의 행동에 결정적인 영향을 미치게 된다.

(2) 자극·유기체 반응(stimulus-organism-response)이론

- 여기서 환경은 자극stimulus이고, 고객을 자극해 반응하는 '유기체'이다.
- 유기체는 환경에 따른 행동반응response을 보이게 된다. 즉, 다양한 집단고객, 직원, 그들 간의 상호교류과 다차원 환경이 만들어지게 된다.
- 여러 가지 내적 반응인지적, 감정적, 생리적을 분석함으로써 개인적·사회적 행동의 다양성을 파악할 수 있다.

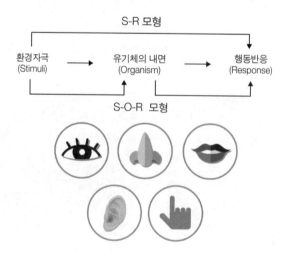

(3) 물리적 환경, 서비스 스케이프가 내적 반응과 행동에 미치는 영향

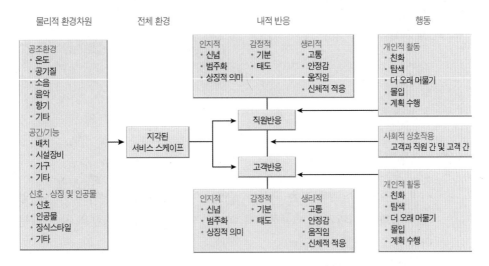

| 서비스 프로세스에서 환경, 반응, 행동관계의 분석틀 |

12.5 외부환경과 내부환경

(1) 외부환경

- 서비스 기업의 외부환경은 고객을 끌어 들이기 위해 중요하다. 서비스 기업의 차별화된 이미지를 제공하는데 외부환경이 결정적인 역할을 하기 때문이다.
- 고객이 서비스 시설카페, 레스토랑 등에서 보내는 체류시간이 물리적 환경과 밀접하게 연관되어 있다.
- 고객이 서비스 구매와 관련된 의사결정을 할 때 물리적 환경이 영향을 미치는 것으로 나타나고 있다.
- 서비스 시설의 외부환경, 건물외관, 간판, 안내표지판, 조경, 주차장 등이 고객의 구매를 자극하는 것으로 나타났다.

(2) 내부환경

1) 공간구성

- 실내공간의 구성요소는 바다, 벽, 천장, 수평 및 수직 동선을 지원하는 개구부, 통로, 계단 등의 고정적 요소가 있다.
- 반면에 가구, 생활용품, 장식품 등은 실내공간이 가동적 요소이다.

- 고객은 고정적 요소에도 반응하지만 실내의 기능성, 안락성, 쾌적성, 시각적 쾌감 등의 요소들과도 교감한다.

2) 마감재료

- 마감재료는 공간을 구성하는 고정적 요소와 가동적 요소의 표면에 시공하는 건축자재이다. 마감재료의 색채와 질감, 마감패턴 등은 공간의 성격과 분위기를 조성해주는 역할을 한다.
- 재료의 색감, 따뜻함과 차가운 정도의 온도감, 밝음과 어두운 정도의 명도감, 거침과 매끈한 정도의 질감, 그리고 이들의 마감패턴에 의해 실내 분위기가 결정된다.

3) 가구

- 가구는 고객의 휴식과 작업, 그리고 장식적 기능을 담당한다. 서비스 시설에서는 가구의 배치방법에 따라 수용고객 수와 서비스 전략이 달라질 수 있다.
- 가구의 크기, 형태, 배치밀도, 배치방법에 따라 고객에게 주는 실내 분위기는 달라진다.

4) 조명

- 조명은 고객이 공간과 물체의 형태, 색채, 질감 등을 지각하게 함으로써 고객서비스에 일익을 담당한다.
- 조명은 자연조명과 인공조명으로 구분되는데 고객에게 색과 질감을 돋보이게 하는 역할을 해준다.
- 조명은 고객에게 심리적, 생리적인 영향을 미치기 때문에 서비스 시설의 공간 분위기 조성에 활용되고 있다.

5) 색채

- 고명도의 채도가 높은 색은 진출하는 경향이 있어서 고객에게 공간을 좁게 인식하게 만든다.
- 한색보다는 난색이 공간을 좁게 보이게 하는 특성이 있다.
- 한색계통의 실내 공간은 벽, 바닥, 천장의 배색이 후퇴하는 반면에, 난색계통의 거실은 벽, 바닥, 천장의 배색이 진출하여서, 답답한 색채환경을 고객에게 제공하게 된다.
- 난색계열은 한색계열보다 시간의 흐름을 지루하게 느껴지도록 한다. 따라서 의료서비스 시설인 병원입원실 같이 오래 머무는 공간에는 한색으로 배치하는 것이 좋다.
- 고객이 많이 몰리는 박리다매형 점포를 난색계열로 배치하면 고객이 지루하게 느끼게 되므로 고객회전율을 높일 수 있게 된다.

6) 조경

- 실내조경은 물, 식물, 돌 등의 자연요소를 실내에 도입함으로써 고객에게 자연의 느낌과 분위기를 조성해 준다.
- 최근에는 카페, 레스토랑, 호텔, 병원, 리조트 등에서 실내조경을 설치하여 고객에게 환경친화적 분위기를 제공해 주고 있다.

12.6 오감을 활용한 서비스 스케이프 만들기

(1) 서비스 스케이프 계획 수립 전 이슈 점검

- 서비스 회사의 표적집단은 누구인가?
- 표적집단은 서비스로부터 무엇을 원하는가?
- 어떤 매장시설 분위기가 고객에게 신뢰성과 감성적 반응을 일으킬 수 있을까?
- 매장시설 분위기가 서비스 회사의 운영과 직원 만족도에 어떤 영향을 미칠까?
- 매장시설 분위기가 경쟁사의 매장 분위기에 비해 비교 우위를 지닐 수 있을까?

(2) 시각(sight)

- 시각 전략은 서비스 상품의 브랜드 이미지를 높이고, 구축해 준다.
- 시각 전략은 소비자의 감각체험을 더욱 생생하게 만들어 준다.
- 시각은 인간의 여러 감각 중 가장 강력한 감각으로 시각은 어떤 감각보다도 서비스 스케이프에 커다란 영향을 미친다.
- 고객에게 가장 우선적으로 영향을 주는 시각요소에는 크기, 형태, 색상이 있다.

- 고객은 시각적 관계성의 관점, 예컨대 조화harmony와 대비contrast를 통해 인식한다.
- 색상이나 디자인을 접하는 순간 우리는 시각을 통해 인식한다.
- 망막에 영상이 형성되면 색상과 모양 등에 따라 서비스 스케이프를 이해하게 된다.
- 디자인, 포장, 스타일 등의 표현 방식은 대개 서비스보다는 상품과 관련이 많다.
- 색채, 조명 등의 표현 방식은 그래픽, 외관, 인테리어 등의 서비스와 연결된다.

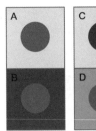
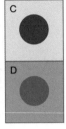

(3) 색상(color)

- 서비스 회사나 매장의 건물외관이나 인테리어, 브로셔, 명함 등에 나타난 색상 등이 해당 회사에 대한 고객의 첫인상을 좌우하게 된다.
- 색상이 고객에게 주는 영향에는 색상, 채도, 명도가 있다.

- 채도chroma는 색깔이 가지고 있는 뜻을 설명한 정도를 나타낸다.
- 선명하면 채도가 높아지고, 탁해지면 채도가 낮아진다.
- 명도Value는 색의 음영을 나타낸다.
- 밝아지면 명도가 높아지고, 어두워지면 명도가 낮아진다.

■ 컬러에 대한 지각

따뜻한 색			차가운 색		
빨강	노랑	오렌지	파랑	녹색	바이올렛
사랑	햇볕	햇볕	서늘함	서늘함	서늘함
로망스	따사함	따사함	냉담	편안함	수줍음
정열	의기소침	개방	충실	평화	위엄
용기	개방	친절	평온	참신함	부
질투	친절	천진난만	경건	성장	
저주	쾌활	영광	남성다움	부드러움	
포근함	영광		확신	부유	
흥분	빛남		슬픔	출발	
활력	주의				
명랑					

(4) 음악(music)

- 서비스 매장 배경음악은 음악을 활용해 고객의 감성을 자극하는 음악마케팅이 부각되면서 등장하게 되었다. 배경음악을 통한 마케팅은 음악과 심리를 접목시켜 고객의 구매행위를 촉진하는 역할을 하게 된다.
- 카페나 레스토랑, 또는 병원, 호텔 등에서 고객들이 자신의 서비스 시설에서 편안하게 이야기를 나누고 쉬어 갈 수 있도록 음악을 틀어주는 서비스를 제공해 준다.
- 이처럼 서비스 공간, 장소, 시간, 날씨 등에 맞는 음악을 제공하는 것이 고

객의 구매 심리에 영향을 미치는 것으로 드러나면서 백화점이나 대형마트, 패스트푸드점에서는 매장 배경 음악서비스를 제공하고 있다.

(5) 입지(location)

- 고객과 낮은 접촉서비스low-contact service를 운영하는 업체나 주문 위주로 운영되는 공장설비업체 등의 업체는 임대료가 저렴한 입지를 선호하게 된다.
- 고객과 높은 접촉서비스high-contact service를 운영하는 업체는 유동인구가 많고, 혼잡한 입지를 임대료가 높더라도 선택하게 된다.

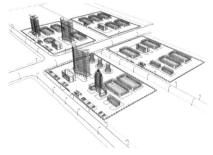

01. 서비스 스케이프(servicescape)란 무슨 뜻인지 해석해보자.

02. 물리적 환경이 서비스 기업에 미치는 영향을 고찰해보자.

03. 물리적 환경의 3가지 주요요소와 세부요소를 논해보자.

04. 물리적 환경요소에는 어떤 세부요소들이 있는지 살펴보자.

05. 유형적 요소에는 어떤 세부요소들이 있는지 논해보자.

06. 고객이 바라 본 병원의 물리적 요소에는 어떤 것들이 있을까?

07. 고객이 바라 본 항공사의 물리적 요소를 열거해보자.

08. 고객의 관점에서 분석한 공연장의 물리적 요소에 대해 논해보자.

09. 서비스 스케이프 이용형태에 따른 서비스 산업을 분류해보자.

10. 자극 → 유기체 → 반응이라는 모형을 통해 서비스 스케이프가 고객행동에 미치는 영향을 분석해보자.

11. 물리적 환경자원과 전체환경이 고객의 내적 반응과 행동에 미치는 영향에 대해 논해보자.

12. 서비스 스케이프(물리적 환경) 계획 수립 전 점검해야 할 이슈를 설명해보자.

13. 색상(color)이란 서비스 스케이프가 고객에 미치는 영향을 논해보자.

14. 입지(location)란 서비스 스케이프가 고객에 주는 영향을 설명해보자.

15. 물리적 증거(physical evidence)에는 어떤 것들이 있고 각각의 역할은 무엇인지 고민해보자.

16. 서비스 유니폼과 같은 서비스 스케이프의 효과에 대해 설명해보자.

17. 물리적 환경과 물리적 증거의 개념과 특징을 비교하여 논해보자.

18. 실내 환경의 요소에는 어떤 것들이 있는지를 설명해보자.

19. 조명이 어떤 면에서 고객에게 영향을 미치는가?

20. 실내디자인에서 인테리어 색깔이 고객의 구매행위에 영향을 미친다고 한다. 사례를 들어 논의해
보자.

Part

Service Brand Marketing

서비스 품질평가관리, 인적관리,
가격 및 촉진관리

제13장
서비스 품질평가 및 관리

13.1 서비스 품질경영

(1) 서비스 품질경영

1) 서비스 품질과 경영방식

• 서비스 품질경영에서 강한 경쟁력을 지닌 기업들은 다른 경쟁자가 도저히 따라 잡을 수 없으면서 오래가는 기업 내적인 경영문화와 기업 외적인 명성을 만들어 간다.

• 서비스 품질이 훌륭하다는 것은 고객이 기대하는 목표를 충족시켜 주거나, 고객의 기대 이상의 서비스를 제공해 주는 서비스 경영방식에서 나오는 것이다.

2) 왜 서비스 품질을 평가할까?

• 서비스 품질평가를 통해 서비스가 개선됨으로써 기업성과에 기여한다.

• 서비스 개선, 향상, 재설계의 출발점이 된다.

• 경쟁우위를 확보한 서비스 품질은 기업에 수익성을 높여 준다.

• 고객이 지각하는 서비스 품질이란 고객의 기대나 욕구수준과 그들이 지각한 것 사이에 존재하는 차이의 정도로 정의된다. 따라서 이 차이를 여하히 극복하느냐가 품질경영의 관건이 된다.

(2) 왜 전사적 서비스 품질경영(total service quality management)을 해야 하나?

- 새로운 경영철학의 수립
- 서비스 품질경영을 위한 일관된 목표의 설정
- 전사적 품질경영 추진을 담당할 부서의 설정
- 일관된 품질의 서비스 전달을 위한 표준화 기준 마련
- 서비스 품질개선과 효과적인 서비스 제공 전략 수립
- 고객이 참여하여 의견을 반영할 수 있는 다양한 채널과 프로그램 확보
- 고객 접점의 직원들을 의사결정과정에 참여 및 인센티브 제공
- 다양한 교육 및 훈련 프로그램을 마련하여 업무에 대한 전문성 강화
- 고객 접점서비스 직원들이 신속하게 대응하도록 권한부여empowerment
- 전사적 품질경영 과정에 대한 모니터링 프로그램을 만들어 상시로 평가하여 문제점을 개선

(3) 호텔의 전사적 서비스 품질경영 추진과정

1) 서비스 품질경영 목표

- 최고 경영진에서 제정한 경영이념과 추구가치를 바탕으로 한 전 사원의 의식개혁, 경영의 체질개선을 위한 보다 체계적이고 합리적인 관리제도를 구축한다.

2) 경영간부의 리더십

- 경영간부의 품질경영에 대한 적극적인 참여를 유도하기 위하여 전 간부사원이 품질경영 기본과정을 이수하게 한다.
- 계층별 품질경영 과정을 개설하여 전 사원이 품질경영에 대한 이해를 확고히 한다.

- 아울러 인사고과제도를 품질경영에 대한 참여도를 평가항목으로 도입하고 품질경영에 적극적인 사원에 대한 포상도 함께 이루어지도록 한다.

3) 인적 자원의 육성 및 관리

- 해외 전문 인턴십 과정을 개설하는 등 다양한 자기개발 기회를 제공한다.
- "고객만족이 최우선이다"라는 이념에 입각하여 전 사원을 대상으로 철저한 서비스 교육을 실시한다.
- 안정적인 직장 분위기를 조성하고 전 사원 복지를 기하기 위하여 직원의 회사 정책 참여도, 만족도를 이끌어 내기 위한 평가체제를 도입하는 데 인사 노무관리의 중점을 둔다.
- 노사화합의 장을 마련함으로써 상호 간의 공감대 형상에 주력한다.
- 국제 경험이 풍부한 해외 전문 인력을 주요 부서의 업무에 참여시키고, 사내승진 기회를 제공함으로써 직원 스스로가 노력하여 자기개발을 할 수 있도록 유도한다.
- 전 사원에게 최고의 우대와 자기개발을 보장하는데 인사노무관리의 역점을 두어 성실하고 책임감 있는 인재를 육성하는데 인사관리의 역점을 둔다.

4) 정보수집, 분석 및 활용

- 서비스 영업에 적극적으로 관련된 정보수집, 분석 및 활용 등의 업무를 체계적으로 담당하는 부서를 둔다.
- 급변하는 영업환경 변화에 대응하기 위하여 일일 동향 보고서 업무를 개시한다.
- 기획실 내 정보자료실을 요약, 정리하여 전 부서에 공급, 정보의 공유화 여건을 조성한다.
- 국내외 각종 경영정보와 경쟁사 정보의 수집, 분석과 활용 업무의 표준화 및 전담요원의 육성 및 전 조직원의 정보 의식 함양을 위한 교육훈련을 실

시한다.

5) 품질 설계 및 개발

- FRONT OFFICE의 신속한 업무를 위한 Cashier와 Room Clerk의 업무를 하나로 묶은 'Agent Service'를 창출한다.
- 정확한 메시지를 전달하는 'Voice Mail Massage Service'를 제공, 서비스 품질 향상을 도모한다.
- 고객이 원하는 서비스를 담당 부서별로 요구하던 불편을 덜기 위해, 'Service Express Team'을 운영하여 고객이 원하는 서비스가 어떤 것이든 이곳에 한 번만 요구하면 어떠한 서비스라도 즉시 제공받을 수 있게 한다.
- 서비스 익스프레스는 구내전화의 00번을 누르면 호텔 내의 모든 서비스를 문의, 이용할 수 있는 급행서비스이다.

6) 공정관리, 구입품 관리 및 평가

- 완벽한 객실을 제공하기 위한 객실 검사 감독자 제도를 운영한다.
- 객실 정비 요령 교육 안내서를 제작하여 신입사원 및 기존사원에게 교육을 강화한다.
- 식음료 문화의 새로운 전기를 마련하기 위하여 서비스 관리 및 규정준수 등 서비스의 향상에 노력을 기울인다.
- 고객서비스의 품질을 높이기 위하여 고객의 입장에서 타 호텔을 견학하고 벤치마킹하여 당사의 식음료 및 서비스 제공방법과 체제를 정비한다.
- 시설관리를 위하여 에너지 절약 방안, 기술 및 안전 교육을 통한 기술 전문화로 시설의 효율성을 높이고 시설관리의 전산화를 통한 고객 요구 수준 이상의 품질을 유지한다.

7) 품질수준, 실적 및 경영성과

- 각 부문의 제품 및 서비스 품질을 최고의 경쟁력을 보유하고 있는 업체와 그 기술력을 비교 검토하여 당사가 부족한 부분에 대해서는 철저히 보완하여 최상의 서비스를 제공하는 세계적인 호텔의 위상을 구축한다.

8) 소비자 지향 및 만족도

- 소비자 니즈의 다변화 및 치열한 시장 경쟁 속에 소비자의 요구사항을 파악하기 위하여 적절한 방법을 모색한다.
- 고객관리체계를 효율화하기 위하여 고객만족 평가기준을 설정하고 이러한 평가기준을 충족시키기 위해 노력을 기울인다.

9) CRM(customer relationship management)

- 멤버십 프로그램을 고객 계층별로 다양화시켜 실시한다.

(4) 서비스 품질평가

- 제품과는 달리 서비스 품질Quality of Service은 측정·평가하기가 어렵다.
- 서비스 품질의 평가가 쉽지 않은 이유는 서비스의 특징에 있다.
- 서비스 자체가 지니는 특징과 서비스 프로세스에서 생겨나는 특징으로 분류된다.

▲ 한국능률협회컨설팅

(5) 서비스 품질평가 모형(gronroos model)

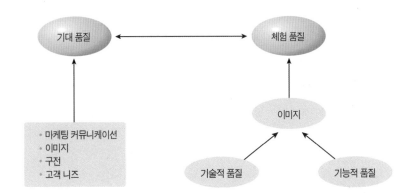

(6) 서비스 품질평가를 힘들게 하는 서비스의 특징

1) 서비스 자체의 특징

- 서비스 품질평가를 힘들게 하는 서비스 자체의 특징은 무형성intangibility에 있다.
- 직원의 '친절성·응답성·서비스의 이미지' 등은 객관적이고, 정량적으로 평가하기가 어렵다.
- 서비스의 이질성heterogeneity도 서비스 평가를 어렵게 하는 특징이 된다.
- 서비스의 품질이 시간과 공간에 따라 차이가 나고, 같은 직원이 똑같은 서비스를 제공해도 만족하는 고객과 불만을 토로하는 고객으로 나누어진다.

2) 서비스 프로세스의 특징

- 서비스 프로세스 역시 서비스 품질의 평가를 어렵게 하는 특징으로 작용하고 있다.
- 서비스 품질을 서비스 결과물에 대한 품질을 의미하지만, 서비스가 제공되는 과정이다.
- 프로세스상의 품질을 뜻하는 경우도 흔히 일어난다.
  - → 레스토랑을 이용한 고객은 음식에 대한 지각결과물을 통해 품질을 평가: 서비스 프로세스 → 식사가 어떻게 제공되었고, 고객과 어떤 상호작용이 일어났느냐에 따라 평가

(7) 서비스 품질 평가의 특성

1) 경험 후 평가가 가능한 서비스업

- 서비스를 직접 체험하고 난 후에야 평가가 가능한 업종이다.
- 예컨대 여행패키지는 여행을 경험하고 나서야 여행서비스의 품질을 평가할
  수 있는 서비스업이다.
  - → 경험 후 평가가 가능한 서비스업종: 여행업, 호텔업, 조경업, 헤어숍

2) 일정시간 경과 후 평가가 가능한 서비스업

- 서비스를 제공받자마자 서비스의 품질을 평가할 수 있는 것이 아니라 서비
  스를 제공 받은 후 일정시간이 지나서야 평가가 가능한 서비스업이다.
- 병원이나 법률컨설팅은 고객이 서비스를 제공 받은 후 어느 정도의 시간이
  지난 후에 평가가 가능한 업종이다.
  - → 일정시간 경과 후 평가가 가능한 서비스업: 병원업, 컨설팅, 법률업, 교
    육업

(8) 서비스 평가 기준에는 어떤 것들이 있나?

- 고객이 서비스 기업에 가격을 지불하고 얻는 서비스로부터 기대하는 가치는
  매우 다양하다.
- 서비스 품질에 관한 연구는 PZB 학자들에Parasuraman · Zeithaml · Berry, 1988의해
  개발되었다. 이들은 고객의 기대와 인식을 평가하고 측정하여 사용자 중심
  적인 다문항 척도를 연구하였다.
- PZM이란 학자들은 'SERVQUAL'이라는 측정방법을 통해 서비스 품질service
  quality 측정 도구를 개발한 것이다.
- '품질'이라는 용어를 사용하여 이 연구에서의 품질은 제조업 중심의 품질경

영에서 사용하는 품질보다는 훨씬 포괄적인 의미를 내포하고 있다.

서비스 품질 평가기준(Service Quality Evaluation Criteria)
① 신뢰성: 약속된 서비스를 신뢰성을 바탕으로 수행하는 능력
  → 철저한 서비스의 제공, 약속된 서비스 시간의 준수
② 응답성: 담당직원의 서비스 제공에 대한 의욕과 철저한 준비
  → 고객에 대한 즉각적인 응답과 신속한 서비스의 제공
③ 능력: 서비스 수행에 필요한 기술과 지식의 보유
  → 담당직원과 지원인력의 지식과 기술, 서비스 관련 연구개발 능력
④ 접근가능성: 서비스 시설에의 접근가능성과 접촉용이성
  → 전화를 통한 접근가능, 납득할 만한 대기시간, 서비스 제공 시간대 및
    시설접근의 편리성
⑤ 예절: 고객 담당직원의 정중함, 배려, 친근감
  → 고객의 돈과 시간에 대한 배려, 담당직원의 청결하고, 정숙한 외모
⑥ 의사소통: 고객이 이해할 수 있는 방법으로 정보 제공, 고객의사 경청
  → 서비스의 내역 및 비용설명, 문제해결 보증
⑦ 신용도: 서비스 제공자의 진실성, 정직, 고객에게 최대한의 이익을 제공하
  겠다는 의지
  → 브랜드, 서비스 담당직원의 개인적 특성, 고객 대응 시 강매의 정도
⑧ 안정성: 위험이나 의심으로부터의 자유, 불안감 해소
  → 물리적 안전, 금전적 안전, 비밀의 보장
⑨ 고객 이해: 고객과 욕구를 이해하려는 노력
  → 고객의 구체적 요구사항 인지, 개별적인 관심 표명, 단골고객 인지
⑩ 유형성: 서비스의 외형적 증거
  → 물리적 시설, 장비, 담당직원의 외모, 서비스를 받은 결과, 서비스 시설
    내의 다른 고객들의 모습

13.2 고객이 서비스를 평가하는 5가지 지표

• 유형성: 물적 시설, 장비, 인력 등의 외형
• 신뢰성: 서비스를 믿음직스럽고, 정확하게 수행할 수 있는 능력
• 응답성: 고객을 돕고, 신속한 서비스를 제공하겠다는 의지
• 확신성: 직원의 지식과 정중함, 신뢰와 믿음을 전달할 능력
• 공감성: 원활한 의사소통, 접근용이성, 고객에 대한 충분한 이해

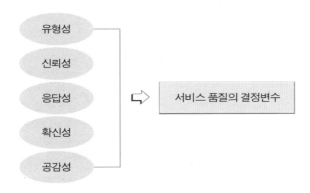

	Very satisfied
	Satisfied
	Neutral
✓	Dissatisfied

■ 서비스 산업별 서비스 품질평가 지표 및 요소

	신뢰성	응답성	확신성	공감성	유형성
자동차 수리 (소비자 고객)	문제를 파악·수정, 약속시간 엄수	이용의 편리성, 고객요구 수용	지식·경험이 많은 수리공	고객의 이름, 이전의 문제 및 내역을 기억	수선 시설, 대기 장소, 유니폼, 장비 등
항공사 (소비자 고객)	일정에 따라 목적지 (출발과 도착)	발매, 탑승, 수하물 처리에 대한 신속한 대응	신뢰성, 안전성의 유능한 승무원	고객의 요구사항의 이해, 배려, 예측 등	항공기, 발매소, 수하물, 유니폼 등
의료 (소비자 고객)	예약에 따른 준수, 정확한 진찰	쾌적성, 대기시간 단축	지식, 기술, 신뢰, 평판	한 개인으로서 환자를 이해, 이전의 진찰, 올바른 경청, 안내	대기실, 검사실, 의료장비, 문서자료
건축가 (사업고객)	약속된 때 예산 내의 설계도 전달	전화응답, 변화수용	신뢰, 평판, 사회에서의 명성, 지식과 기술	고객의 산업을 이해, 고객의 특정 요구 및 이해를 인정 및 적응, 고객에 대한 이해 노력	사무실 공간, 보고서, 스스로의 계획, 청구서 작성, 직원의 복장
정보처리 (내부고객)	요청할 때 필요한 정보 제공	요청에 대해 신속한 대응, 관료적이 아닌, 신속한 문제 처리	통찰력 있는 스탭, 숙련, 신임	내부고객을 이해, 부서나 개인의 이해	내부보고서, 사무실 공간, 직원의 복장
인터넷 증권업 (소비자 고객, 사업자 고객)	정확한 정보의 제공, 고객의 요구를 정확히 수행	빠른 웹사이트	사이트 내 신뢰할 만한 정보 원천, 브랜드 인지	필요할 때 사람이 응답	전단지, 브로셔 및 다른 출력물과 웹사이트의 외관

▲ Zeithaml, Bitner, Gremler, Service Marketing, McGraw Hill, 2013에서 재정리.

■ 이동통신 품질평가 지표: 개념적 정의와 실질적 정의

평가기준	신뢰성	응답성
개통 및 변경서비스	신규 개통률	약정 기일 내 개통 완료 비율
	개통 후 고장률	개통 후 1개월 이내 고장 발생 빈도
	이전 개통률	약정 기일 내 이전 완료 비율
서비스 지원	장애 통지	발생 시 사실을 통지하는데 경과되는 시간
	접수 응대율	응대에 소요되는 시간
	서비스 만족도	경쟁기업 간 5점 척도의 상대적 만족도
고장수리 서비스	고장 수리율	정해진 시간 내 수리가 완료되는 비율
	중복 고장률	수리 후 1개월 내에 다시 고장날 빈도
접속 및 전송 서비스	접속 지연	연결 요청 후 접속 완료까지의 경과시간
	접속 실패율	망의 부족·결함으로 접속이 실패하는 확률

▲ 박용태 외, 서비스 공학, 생능출판사, 2012. p. 413 참조.

- SERVQUAL에서는 서비스에 대한 고객들의 기대 수준과 지각 수준의 차이
  → 서비스 품질을 평가
- 서비스를 제공받기 전에 고객은 과거의 경험 또는 주변 사람들의 입Word of mouth을 통해 서비스 품질에 대한 기대치를 인지
  → 기대서비스 품질
- 서비스를 받고 난 후, 서비스 체험을 바탕으로 서비스 품질을 지각
  → 지각서비스 품질

SERVQUAL 점수＝고객의 지각점수(PS)－고객의 기대점수(ES)

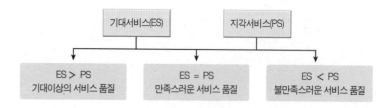

| 기대서비스(ES) | | 지각서비스(PS) |

| ES > PS
기대이상의 서비스 품질 | ES = PS
만족스러운 서비스 품질 | ES < PS
불만족스러운 서비스 품질 |

| 기대서비스와 지각서비스 차이와 고객만족도 |

13.4 갭 분석

(1) 갭(gap) 분석의 틀

- SERVQUAL이 추구하는 목표 → 갭 분석을 토대로 서비스 전달체계의 이슈
  와 문제점을 파악 → 문제점이 진단되면, 서비스 품질을 향상 시킬 수 있는
  개선 전략을 도출한다.

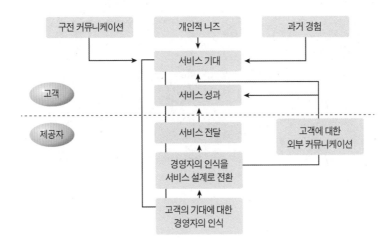

(2) 기대와 성과 간의 4가지의 갭

1) 갭(GAP) 1: 기업이 고객의 기대를 정확히 알지 못할 때(시장 정보 갭)

① 갭(GAP) 1: 고객 기대 – 경영자 인식 간의 격차

• 갭 1은 경영자가 고객이 기대하는 서비스 품질을 제대로 인식하지 못할 때
  발생하는 갭이며, 갭의 원인은 제대로 인식하지 못할 때 발생하는 갭이다.

• 갭의 원인은 시장조사나 고객분석을 하지 않거나, 상향 소통의 부족 및 관
  계에 대한 집중적 노력이 미흡해서 발생한다.

② 갭(GAP) 1: 기업이 고객 기대를 정확히 알지 못할 때(시장 정보 갭)

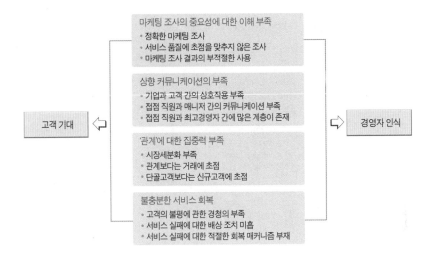

③ 갭(GAP) 1: 극복방법
- 마케팅 전략에 대한 조사분석표적집단, 고객 불만사항 등
- 고객들과 끊임없는 소통
- 고객접촉부서와 직원들과의 소통
- 고객접촉부서 직원들과 토론 및 교육
- 신속한 의사결정시스템의 도입

2) 갭(GAP) 2: 서비스 기준이 고객 기대와 다를 때(서비스 기준 갭)

① 갭(GAP) 2: 경영자 인식 – 서비스 기준 간의 격차
- 갭 2는 경영자의 인식과 서비스 기준이 일치하지 않을 때 일어난다.
- 이 갭은 서비스 품질의 기준, 설계, 스펙 등의 경영자가 인식하고 있는 기대치가 서로 다르다.
  → 서비스 품질에 대한 경영자의 헌신, 목표설정의 유무, 업무의 표준화, 실

행가능성의 인식에 따라 달라진다.

② 갭(GAP) 2: 서비스 기준이 고객 기대와 다를 때(서비스 기준 갭)

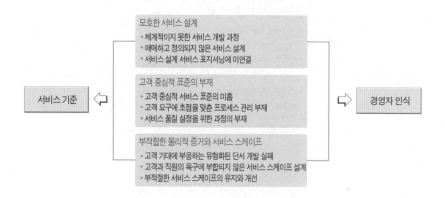

• 세계 최고의 애니메이션: 디즈니의 사례
  → 경영자의 헌신, 서비스 품질 목표 수립, 업무의 표준화, 고객 기대의 실
    행가능성 인식
  → 인간의 무한한 상상력을 충족시키기 위해 끊임없는 상품 개발로 성공
    했다.
  → 디즈니에서는 경영자가 인식하는 서비스와 고객에게 제공되는 서비스
    간의 갭Gap이 발생되지 않는다.

▲ 월드디즈니 픽쳐스

③ 갭(GAP) 2: 극복방법
- 서비스 품질 수준에 관한 명확한 목표설정
- 서비스 업무의 표준화 시스템 도입
- 고객의 서비스 기대수준을 충족시키는 전략 도입
- 경영자의 새로운 경영 전략 수립과 집행

3) 갭(GAP) 3: 서비스 성과가 기준과 다를 때(서비스 성과 갭)

① 갭(GAP)3: 서비스 기준-서비스 성과 간의 격차
- 갭 3은 제공하는 서비스가 서비스 기준과 일치하지 않기 때문에 생겨나는 것이다.
- 서비스 기준이 직원들로서 이해하기 어렵고, 숙지하기 힘들 경우에 갭이 생겨나게 된다.
- 대조적으로 서비스 기준은 알고 있으나 서비스 제공능력이 미흡할 때도 이 갭이 발생한다.

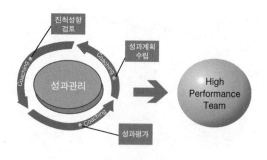

② 갭(GAP) 3: 서비스 성과가 기준과 다를 때(서비스 성과 갭)

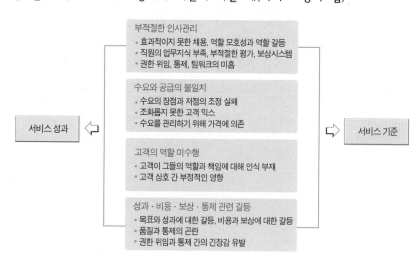

③ 갭(GAP) 3: 극복방법

- 직원과 직무 간의 적합성 분석
- 직원의 업무 숙련도 파악
- 팀워크가 필요하면 도입을 검토
- 직원이 해당 서비스 업무에 대한 전문성 확보
- 직원에게 서비스 업무에 대한 통제역할의 부여

4) 갭(GAP) 4: 서비스 성과가 약속과 다를 때(내부 커뮤니케이션 갭)

① 갭(GAP) 4: 서비스 성과 – 외부 커뮤니케이션 간의 격차

- 갭 4는 서비스 기업이 외부에 홍보하는 서비스 수준과 실제 제공되는 서비스 수준에 차이로 발생한다.
- 과장하거나 지나치게 서비스를 홍보하게 되면 고객의 서비스에 대한 기대치가 올라가게 된다.
- 홍보된 서비스와 실제 제공된 서비스 간의 격차가 생기면 해당 서비스 품질에 대한 이미지가 실추된다.

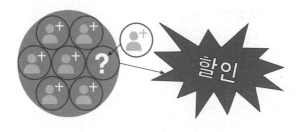

② 갭(GAP) 4: 서비스 성과가 약속과 다를 때(내부 커뮤니케이션 갭)

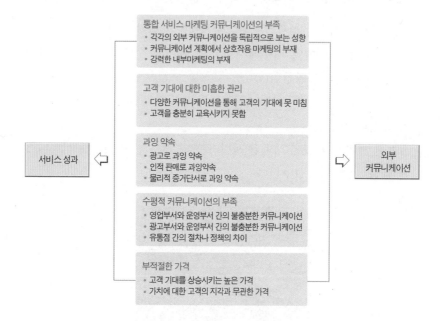

③ 갭(GAP) 4: 극복방법

- 수평적 소통이 가능한 시스템 구축
- 고객에 대한 지나친 기대감을 주지 않음

13.5 서비스 회복의 개념과 효과

- 서비스 회복Service Recovery이란 직원이 고객과 접촉하는 과정에서 발생한 고객의 불평에 대하여 직원이 회복시켜 주는 과정 또는 전략을 의미한다.
- 서비스 회복은 기존고객을 유지하는 방어 효과와 신규고객을 창출하는 공격 효과를 동시에 지니고 있다.
- Zemke & Bell에 의하면 "서비스 회복은 고객이 기대하는 서비스 전달에 실패한 서비스 기업이 상처받은 고객을 만족상태로 되돌리는 과정이다"라고 주장한다.
- 서비스 회복을 위해 가동되는 전략은 사과, 신속한 반응, 보상, 정정, 교환 등이 있을 수 있다.
- 서비스 기업의 서비스 회복에 대한 반응, 보상, 정정 등의 조치는 그 서비스업 브랜드에 대한 고객충성도에 영향을 미치게 된다.
- 서비스 회복에 적극적으로 대응하기 위해서는 현장에서 근무하는 서비스직원들에게 권한, 책임, 그리고 인센티브를 주어야 한다.

01. 제품과 달리 서비스 품질은 왜 본질적으로 측정과 평가가 어려운지를 고민해보자.

02. 기대품질과 체험품질의 차이(gap)를 평가하는 모델의 기본 개요를 이해해보자.

03. 서비스 품질평가를 힘들게 하는 서비스 자체의 특징을 논해보자.

04. 서비스 품질평가를 어렵게 하는 서비스 프로세스 특징을 설명해보자.

05. 'SERVQUAL'이란 서비스 평가 모델에서 10개의 서비스 품질평가 기준을 열거해보자.

06. 'SERVQUAL'이란 서비스 평가 모델에서 5가지 주요 요인을 열거하고 요인별로 설명해보자.

07. 품질평가지표를 통한 이동통신의 서비스를 평가해보자.

08. 'SERVQUAL'의 평가점수 산정방식에서 고객의 지각점수(PS)와 고객의 기대점수(ES) 간에는 어떤 관계식이 성립되는지를 고찰해보자.

09. 'SERVQUAL'에서 갭(gap) 1, 즉 시장정보 갭이란 무엇이고, 그 사례에는 어떤 것들이 있는지를 논해보자.

10. 'SERVQUAL'에서 갭(gap)2, 즉 서비스 기준 갭(gap)의 의미를 논하고, 사례를 열거해보자.

11. 'SERVQUAL'에서 갭(gap)3, 즉 서비스 성과 갭(gap)의 의미와 사례를 논해보자.

12. 'SERVQUAL'에서 갭(gap)4, 즉 외부 커뮤니케이션 갭(gap)은 무엇을 의미하며 이를 적용한 사례에 대해 설명해보자.

13. 공항서비스에 대한 평가지표에는 어떤 것들이 있을까?

14. 서비스 회복이란 무엇이고, 그 효과는 어떤 것들이 있는지를 살펴보자.

제 14 장

서비스 인적관리

14.1 서비스 인적관리는 왜 필요한가?

(1) 서비스 인적관리는 왜 필요한가?

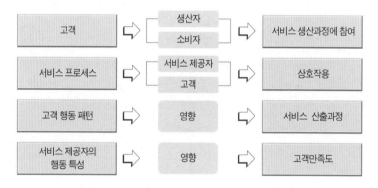

| 서비스 인적 관리 |

- 서비스 마케팅 믹스에서 핵심은 사람이며, 직원과 고객에 의해 그 프로세스가 이루어지고 제공된다.
- 서비스 제공자인 직원과 서비스 이용자인 고객들의 접점으로 이루어진다.
- 서비스 기업이 대상으로 하는 고객은 외부 고객과 내부고객의 두 가지로 나누어진다.
- 외부고객에 대한 기업의 마케팅 노력은 외부마케팅external marketing인데 비해 기업이 직원들에게 내부 상품을 마케팅 하는 노력을 내부마케팅internal

marketing이라고 한다.

- 내부마케팅은 경영자가 내부 직원들도 고객으로 보아 그들에게 친절성, 전문성 등의 업무능력과 자세를 심어주어 외부 고객에게 질 높은 서비스를 제공하는 마케팅 노력이다.

- 그럼 왜 서비스업 경영자는 내부마케팅에도 노력을 집중해야 하는가? 서비스에서는 직원이 그만큼 중요한 역할을 하기 때문이다.

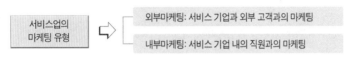

| 서비스업의 마케팅 유형 |

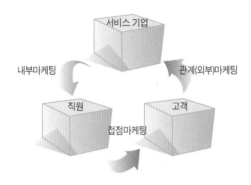

| 서비스 기업 · 고객 · 직원 간의 마케팅 개요 |

(2) 서비스 직원이 소중한 자산인 이유

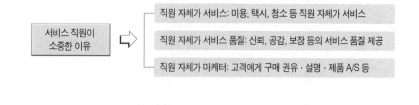

14.2 내부마케팅

(1) 왜 내부마케팅을 해야 하나?

- 내부마케팅은 고객의 서비스에 대한 만족도를 향상시키기 위해 직원들에게 보다 효과적인 성과를 낼 수 있도록 동기를 부여하는 일이다.
- 내부마케팅은 직원들의 업무능력을 제고·고객을 만족시키는 활동이다.
- 고객에게 서비스를 팔기 전에 직원에게 먼저 해당 서비스 업무를 팔아야 한다.
- 내적 서비스 문화가 정착되어 직원들의 만족도가 늘어나면 서비스 품질이 향상된다.
- 이는 고객의 만족을 가져와 궁극적으로는 서비스 회사의 경쟁력이 확보되는 과정이다.

(2) 내부마케팅 프로세스

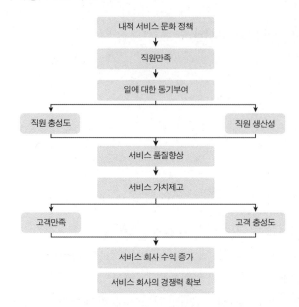

우수 직원 확보
- 채용 및 선발
- 동기부여
- 적절한 보상

교육 및 훈련
- 전문성 및 지식습득
- 운영서비스 기술
- 서비스 품질

내부 커뮤니케이션 강화
- 경영자와 직원 간의 소통채널 구축
- 의사결정 시 직원의 참여
- 개방적 사내 분위기 조성
- 지원지향적 회사 분위기 구축
- 새로운 서비스 전략 전달시스템 구축

임파워먼트와 팀 워크 강화 (Empowerment)
- 직원들에게 제량권 부여
- 직원들의 의사결정권 확대
- 부서 간 부서 이기주의 확대
- 팀 워크의 강화

내부 시장 세분화
- 니즈에 따른 시장 세분화(임금 및 보상에 대한 차별화)
- 라이프 스타일에 의한 직원 세분화(연동근무시간제)

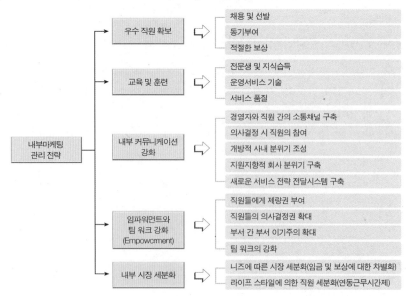

(3) 내부마케팅 평가지표

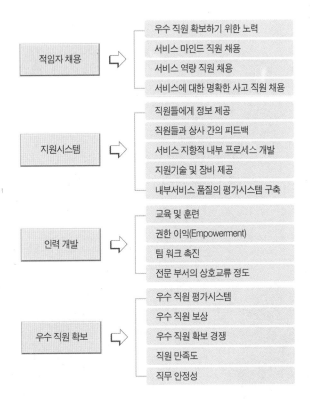

적임자 채용	⇨	우수 직원 확보하기 위한 노력
		서비스 마인드 직원 채용
		서비스 역량 직원 채용
		서비스에 대한 명확한 사고 직원 채용

지원시스템	⇨	직원들에게 정보 제공
		직원들과 상사 간의 피드백
		서비스 지향적 내부 프로세스 개발
		지원기술 및 장비 제공
		내부서비스 품질의 평가시스템 구축

인력 개발	⇨	교육 및 훈련
		권한 이익(Empowerment)
		팀 워크 촉진
		전문 부서의 상호교류 정도

우수 직원 확보	⇨	우수 직원 평가시스템
		우수 직원 보상
		우수 직원 확보 경쟁
		직원 만족도
		직무 안정성

(4) 서비스의 조직구조

- 전통적인 경영의 피라미드 조직은 고객이 제일 밑에 위치하고, 그 위에 중간 관리자, 그 위의 상층부에 최고 경영자가 위치하는 조직구조이다.
- 서비스 지향적인 역 피라미드 조직을 고객을 제일 위에 두고, 중간 관리자가, 그리고 최고 경영자가 현장직원(접객직원)을 지원하는 조직구조이다
- 고객지향 조직을 구축하려면 직원에게 권한이양, 교육, 보수, 고객서비스에

대한 혁신 등이 수반되어야 한다.

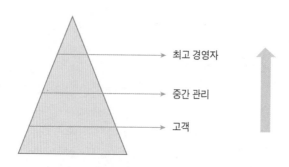

| 전통적 경영의 조직 → 고객 지향적 조직 |

• 예: 서비스의 조직구조호텔

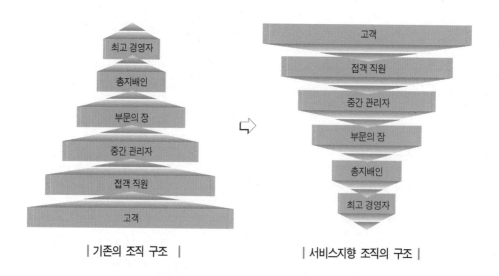

| 기존의 조직 구조 | | 서비스지향 조직의 구조 |

14.3 관계마케팅

(1) 관계마케팅(relationship marketing)의 특징

- 전통적 마케팅에서는 '고객'이란 단지 '판매의 대상'이다.
- 1960년대 이후 기업들을 시장점유율을 높이기 위해 신규고객의 창출보다는 기존고객을 유지하는 전략을 수립하게 된다. 신규고객 창출은 기존고객보다 엄청난 마케팅 비용이 소요된다는 이유 때문이다.
- 관계마케팅은 고객과의 거래관계라기 보다는 고객을 파트너의 관점에서 장기적인 관계를 유지하여 고객과 서비스 기업이 함께 가는 동반자적Partnership 관계를 구축하는 것을 의미한다.
- 따라서 관계마케팅의 목표는 첫째, 기존고객의 유지, 둘째, 신규고객의 유치, 셋째, 고객관계 제고에 있다.

관계마케팅의 특징 ⇨ 고객이 주요 관리 대상
성과지표가 시장점유율에서 고객점유율로 변환
고객과 서비스 회사 간의 소통 증진

(2) 관계마케팅의 편익

1) 고객 측면의 관계마케팅 편익

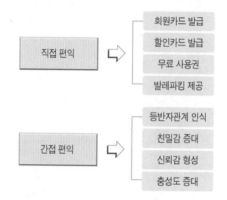

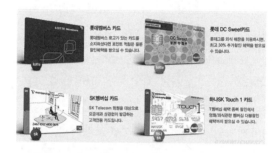

2) 회사 측면의 관계마케팅 편익

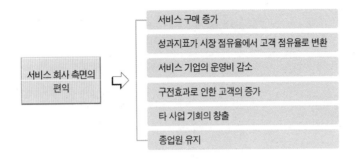

서비스 회사 측면의 편익 →
- 서비스 구매 증가
- 성과지표가 시장 점유율에서 고객 점유율로 변환
- 서비스 기업의 운영비 감소
- 구전효과로 인한 고객의 증가
- 타 사업 기회의 창출
- 종업원 유지

(3) 기존마케팅과 관계마케팅의 비교

기존마케팅 → 관계마케팅

- 회사·고객 분리 → 동반자 관계
- 시장점유율 → 고객점유율
- 규모의 경제 → 범위의 경제
- 상표 중심사고 → 고객 중심사고

(4) 관계마케팅 전략

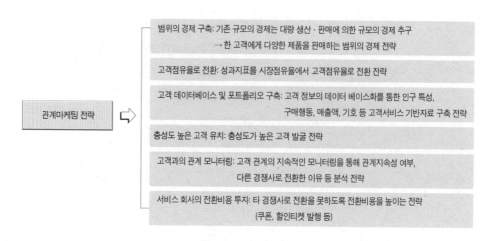

관계마케팅 전략 ⇨

범위의 경제 구축: 기존 규모의 경제는 대량 생산·판매에 의한 규모의 경제 추구
→ 한 고객에게 다양한 제품을 판매하는 범위의 경제 전략

고객점유율로 전환: 성과지표를 시장점유율에서 고객점유율로 전환 전략

고객 데이터베이스 및 포트폴리오 구축: 고객 정보의 데이터 베이스화를 통한 인구 특성,
구매행동, 매출액, 기호 등 고객서비스 기반자료 구축 전략

충성도 높은 고객 유치: 충성도가 높은 고객 발굴 전략

고객과의 관계 모니터링: 고객 관계의 지속적인 모니터링을 통해 관계지속성 여부,
다른 경쟁사로 전환한 이유 등 분석 전략

서비스 회사의 전환비용 투자: 타 경쟁사로 전환을 못하도록 전환비용을 높이는 전략
(쿠폰, 할인티켓 발행 등)

(5) 서비스 기업의 고객이 타 서비스 업체로 전환하는 이유

• 서비스 스위칭service switching의 원인
  → 핵심서비스 실패
  → 서비스 회복의 부족
  → 더 이상의 이용가치가 없을 때
  → 개인의 심리적 요소 등이 있음

타 서비스 업체로 고객이 전환하는 이유	핵심서비스 실패	서비스 실수
		계산 착오 및 오류
		서비스 품질 저하
	서비스 회복 노력의 미흡	반응이 없음
		부정적임
		무례함
	이용가치 소멸	요금의 인상
		장거리 통행으로 불편
		긴 서비스 대기시간
	개인의 심리적 요소	직원의 강매
		직원의 기반
		고객과 직원 간의 갈등

(6) 고객이 타사로 전환 시 부담을 느끼게 하는 전략

- 고객이 타사로 전환 시 전환비용을 높이는 전략이다.
    - → 보상 프로그램 구축: 항공사 마일리지 적립 시 무료 항공권 제공, 이코노미에서 비즈니스 클래스로 업그레이드한다.
    - → 서비스를 패키지로 판매: 서비스를 패키지로 공급하면 종합적 서비스를 제공 받게 된다.
    - → 사회적 편익 제공: 고객에게 사회적 네트워크 구축으로 전환비용을 높게 한다.

01. 서비스 기업에서 외부마케팅이란 어떤 의미를 지니고 있는가?

02. 서비스 기업의 내부마케팅이란 어떤 뜻을 포함하고 있는지 고민해보자.

03. 직원 자체가 서비스가 되는 서비스 기업은 어떤 기업인가?

04. 직원 자체가 마케터(marketer)일 경우 이 마케터의 역할은 무엇인가?

05. 고객 만족단계에 이르는 외부마케팅 프로세스를 논해보자.

06. 직원만족에 이르는 내부마케팅 프로세스를 설명해보자.

07. 내부마케팅의 목표에는 어떤 것들이 있나?

08. 직원만족에서부터 서비스 기업의 경쟁력 확보까지의 내부마케팅 프로세스를 도식화해서 설명해보자.

09. 내부마케팅의 5개 관리 전략을 열거하고 각 전략별 세부 전략에는 어떤 것들이 있는지 생각해보자.

10. 내부마케팅의 성과를 평가하기 위한 지표를 설명해보자.

11. 고객지향형 서비스 기업의 조직구조를 도식화하여 설명해보자.

12. 관계마케팅의 목표는 고객중심의 사고를 그 바탕에 깔고 있다. 이런 관점에서 관계마케팅의 특징을 논해보자.

13. 관계마케팅이 초래하는 직접편익과 간접편익에는 어떤 것들이 있는가?

14. 관계마케팅이 기존마케팅과 다른 점은 무엇인지 설명해보자.

15. 관계마케팅에서는 범위의 경제를 추구한다. 범위의 경제란 무엇이고, 범위의 경제가 어떻게 관계마케팅에 기여하는지를 논해보자.

16. 관계마케팅 전략 중에는 '서비스 회사의 전환비용 투자'라는 전략이 있다. 이 전략에는 어떤 세부 전

략이 있는지를 논해보자.

17. 고객이 타 서비스 업체로 전환하는 서비스 스위칭(service switching)의 원인(이유)은 무엇인가?

18. 고객이 타 서비스 업체로 전환 시 부담을 느끼게 하는 전략에는 어떤 것들이 있는가?

제15장
서비스 가격관리

15.1 서비스 가격

(1) 서비스 가격의 개념·명칭·중요성

서비스 가격

- 기업이 제공하는 서비스를 구매하는 대가로 구매자가 기업에 지급하는 금액
- 서비스가 지니고 있는 돈의 가치
- 사회적 편익 제공서비스 혜택과 교환하는 대가로 지불하는 가치
- 서비스를 이용, 소비, 관람한 대가로 치르는 금액

	금융기관 수수료
	공연장 입장료
	고속도로 통행료
	도시철도 요금
서비스 업종별 가격에 대한 명칭	미용실 요금
	자동차 정비소 요금
	부동산 업소 중개료
	변호사 사무실 수임료
	컨설팅 요금(Fee)

고속도로 통행요금, 내야하는 이유?

고속도로 통행요금과 세계의 유료도로 제도

ex

더욱 빠르고 편리한 운행을 위한 제도, 유료도로제도!

(2) 왜 서비스 가격이 중요한가?

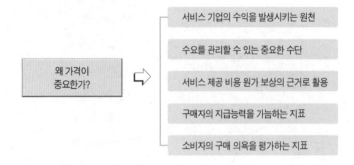

왜 가격이 중요한가?
- 서비스 기업의 수익을 발생시키는 원천
- 수요를 관리할 수 있는 중요한 수단
- 서비스 제공 비용 원가 보상의 근거로 활용
- 구매자의 지급능력을 가늠하는 지표
- 소비자의 구매 의욕을 평가하는 지표

(3) 서비스 가치에 대한 고객의 인식

1) 고객입장에서의 서비스 가치

- 서비스 가치에 대한 고객의 인식은 서비스에 대한 인식된 편익과 지불하는 총비용 간의 기대 심리로 나타난다.
- 고객의 입장기회비용에서는 서비스에 대해 지불하는 비용·시간비용·에너지비용·심리적 비용까지를 포함한다.

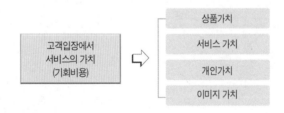

고객입장에서 서비스의 가치 (기회비용)
- 상품가치
- 서비스 가치
- 개인가치
- 이미지 가치

- 어느 고객이 승용차 대신 항공편을 이용하여 목적지로 간다고 하자.
- 출발지에서 목적지까지는 경로상에서 발생되는 비용과 가치를 단계별로 분석해 보면 다음과 같이 나타난다.

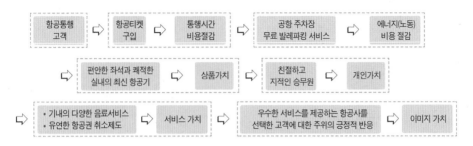

| 항공 이용 고객의 경로상 발생 비용과 가치 |

2) 서비스 가치에 대한 고객의 인식

15.2 서비스 가격의 특징 및 이슈

(1) 비용 관련 특징 및 이슈

비용 관련 특징	⟹	서비스에 대한 비용중심적 가격은 설정하기 어려움
		전문서비스의 경우 고객은 서비스가 완료될 때까지 서비스 비용을 모름
		서비스는 변동비보다 높은 고정비를 지니고 있음

(2) 수요 관련 특징 및 이슈

수요 관련 특징	⟹	서비스 수요는 일반상품 수요에 비해 비탄력적임
		서비스의 묵시적 속성 때문에 교차 가격 탄력성을 분석해야 함
		수요와 공급을 지속적으로 분석하여 가격 차별화 전략을 수행해야 함
		규모의 경제는 서비스 산업에서는 적용성이 떨어짐

(3) 고객 관련 특징 및 이슈

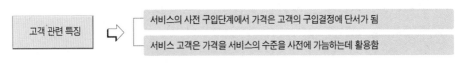

고객 관련 특징 ⇒ 서비스의 사전 구입단계에서 가격은 고객의 구입결정에 단서가 됨

서비스 고객은 가격을 서비스의 수준을 사전에 가늠하는데 활용함

(4) 경쟁력 관련 특징 및 이슈

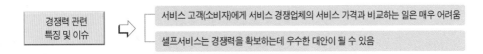

경쟁력 관련 특징 및 이슈 ⇒ 서비스 고객(소비자)에게 서비스 경쟁업체의 서비스 가격과 비교하는 일은 매우 어려움

셀프서비스는 경쟁력을 확보하는데 우수한 대안이 될 수 있음

(5) 이윤 관련 특징 및 이슈

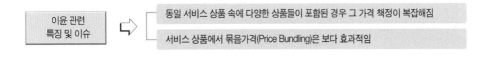

이윤 관련 특징 및 이슈 ⇒ 동일 서비스 상품 속에 다양한 상품들이 포함된 경우 그 가격 책정이 복잡해짐

서비스 상품에서 묶음가격(Price Bundling)은 보다 효과적임

(6) 상품 관련 특징 및 이슈

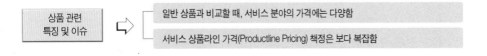

상품 관련 특징 및 이슈 ⇒ 일반 상품과 비교할 때, 서비스 분야의 가격에는 다양함

서비스 상품라인 가격(Productline Pricing) 책정은 보다 복잡함

(7) 법·제도 관련 특징 및 이슈

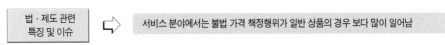

법·제도 관련 특징 및 이슈 ⇒ 서비스 분야에서는 불법 가격 책정행위가 일반 상품의 경우 보다 많이 일어남

(1) 서비스 가격 책정 가이드라인

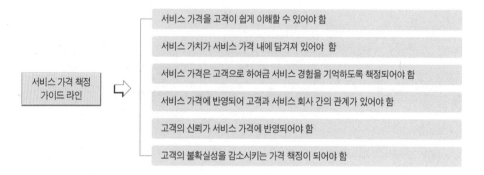

서비스 가격 책정
가이드 라인

서비스 가격을 고객이 쉽게 이해할 수 있어야 함

서비스 가치가 서비스 가격 내에 담겨져 있어야 함

서비스 가격은 고객으로 하여금 서비스 경험을 기억하도록 책정되어야 함

서비스 가격에 반영되어 고객과 서비스 회사 간의 관계가 있어야 함

고객의 신뢰가 서비스 가격에 반영되어야 함

고객의 불확실성을 감소시키는 가격 책정이 되어야 함

(2) 전통적 서비스 가격 책정 방법

• 서비스 가격은 전통적으로 원가Cost, 경쟁자Competitor, 고객Customer에 의해
  결정된다.
• 원가나 경쟁을 기반으로 가격을 책정하는 방법은 해당 기업과 경쟁사를 기
  준으로 가격을 정하게 된다.
• 고객 중심 가격은 고객이 인식하는 가치와 수요를 중심으로 가격을 책정한다.

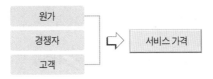

(3) 원가에 의한 가격 책정 방법과 문제점

• 원가에 의한 가격 책정 방법은 다음과 같다.

• 원가에 의한 가격 책정의 문제점은 다음과 같다.

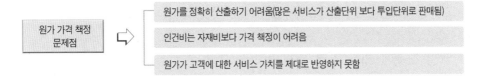

(4) 경쟁에 의한 가격 책정 방법과 문제점

- 경쟁에 의한 가격 책정 방법은 경쟁사의 가격을 토대로 가격을 책정하는 방법이다.
- 경쟁에 의한 가격 책정이 적용 가능한 서비스 산업은 다음과 같다.

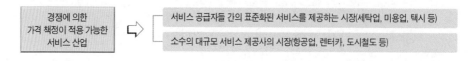

| 경쟁에 의한 가격 책정이 적용 가능한 서비스 산업 | ⇨ | 서비스 공급자들 간의 표준화된 서비스를 제공하는 시장(세탁업, 미용업, 택시 등) |
| | | 소수의 대규모 서비스 제공사의 시장(항공업, 렌터카, 도시철도 등) |

- 경쟁에 의한 가격 책정의 문제점은 다음과 같다.

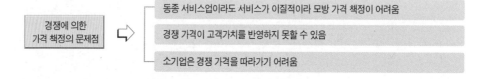

경쟁에 의한 가격 책정의 문제점	⇨	동종 서비스업이라도 서비스가 이질적이라 모방 가격 책정이 어려움
		경쟁 가격이 고객가치를 반영하지 못할 수 있음
		소기업은 경쟁 가격을 따라가기 어려움

(5) 고객에 의한 가격 책정 방법과 문제점

- 고객에 의한 가격 책정은 서비스에 대하여 고객이 인식하고 있는 가치를 기준으로 가격을 정하는 방법이다.

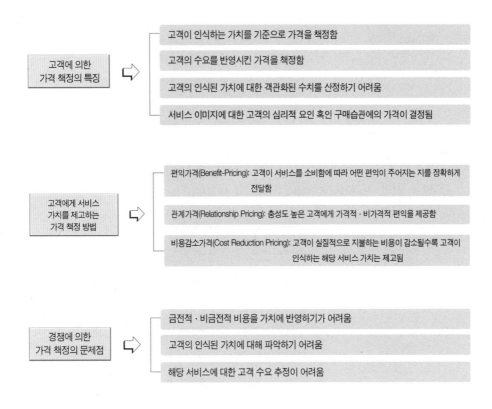

고객에 의한 가격 책정의 특징	고객이 인식하는 가치를 기준으로 가격을 책정함
	고객의 수요를 반영시킨 가격을 책정함
	고객의 인식된 가치에 대한 객관화된 수치를 산정하기 어려움
	서비스 이미지에 대한 고객의 심리적 요인 혹인 구매습관에의 가격이 결정됨

고객에게 서비스 가치를 제고하는 가격 책정 방법	편익가격(Benefit-Pricing): 고객이 서비스를 소비함에 따라 어떤 편익이 주어지는 지를 정확하게 전달함
	관계가격(Relationship Pricing): 충성도 높은 고객에게 가격적 · 비가격적 편익을 제공함
	비용감소가격(Cost Reduction Pricing): 고객이 실질적으로 지불하는 비용이 감소될수록 고객이 인식하는 해당 서비스 가치는 제고됨

경쟁에 의한 가격 책정의 문제점	금전적 · 비금전적 비용을 가치에 반영하기가 어려움
	고객의 인식된 가치에 대해 파악하기 어려움
	해당 서비스에 대한 고객 수요 추정이 어려움

(6) 기존 서비스 가격 책정 방식의 한계점

- 원가·경쟁자·고객에 의한 전통적 가격 책정을 관행으로 여긴다.
- 고객과 서비스 기업에 커다란 편익을 가져다주지 못한다.
- 항공사, 렌터카 회사, 보험사 등에서 채택해 온 경쟁에 의한 가격 책정 방식은 이들 회사에게 적은 이익을 가져왔을 뿐 아니라, 고객에게도 서비스에 대한 혼란과 불신을 초래한다.

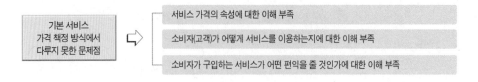

기본 서비스
가격 책정 방식에서
다루지 못한 문제점

서비스 가격의 속성에 대한 이해 부족

소비자(고객)가 어떻게 서비스를 이용하는지에 대한 이해 부족

소비자가 구입하는 서비스가 어떤 편익을 줄 것인가에 대한 이해 부족

(7) 만족·관계·효율 기반의 가격

1) 만족 기반 가격(satisfaction-based pricing)

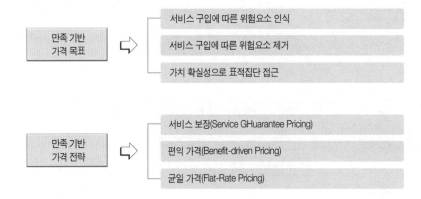

만족 기반
가격 목표

서비스 구입에 따른 위험요소 인식

서비스 구입에 따른 위험요소 제거

가치 확실성으로 표적집단 접근

만족 기반
가격 전략

서비스 보장(Service GHuarantee Pricing)

편익 가격(Benefit-driven Pricing)

균일 가격(Flat-Rate Pricing)

2) 관계 기반 가격(relationship pricing)

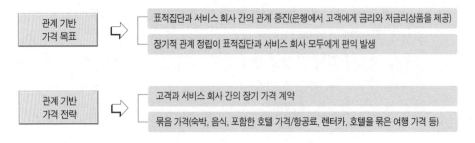

관계 기반
가격 목표

표적집단과 서비스 회사 간의 관계 증진(은행에서 고객에게 금리와 저금리상품을 제공)

장기적 관계 정립이 표적집단과 서비스 회사 모두에게 편익 발생

관계 기반
가격 전략

고객과 서비스 회사 간의 장기 가격 계약

묶음 가격(숙박, 음식, 포함한 호텔 가격/항공료, 렌터카, 호텔을 묶은 여행 가격 등)

3) 효율성 기반 가격(efficiency pricing)

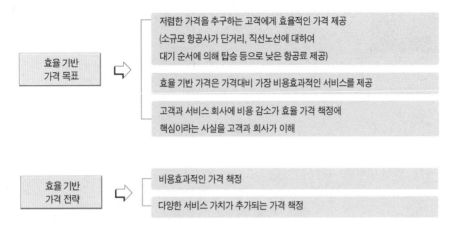

효율 기반 가격 목표	⇨	저렴한 가격을 추구하는 고객에게 효율적인 가격 제공 (소규모 항공사가 단거리, 직선노선에 대하여 대기 순서에 의해 탑승 등으로 낮은 항공료 제공)
		효율 기반 가격은 가격대비 가장 비용효과적인 서비스를 제공
		고객과 서비스 회사에 비용 감소가 효율 가격 책정에 핵심이라는 사실을 고객과 회사가 이해

| 효율 기반 가격 전략 | ⇨ | 비용효과적인 가격 책정 |
| | | 다양한 서비스 가치가 추가되는 가격 책정 |

15.4 인식가치에 의한 가격 정책

(1) 인식가치의 4가지 유형

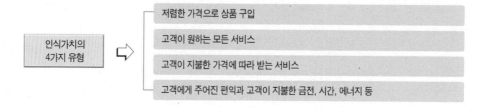

인식가치의 4가지 유형	⇨	저렴한 가격으로 상품 구입
		고객이 원하는 모든 서비스
		고객이 지불한 가격에 따라 받는 서비스
		고객에게 주어진 편익과 고객이 지불한 금전, 시간, 에너지 등

1) 저렴한 가격으로 상품 구입(예)

| 항공 여행 | ⇨ | 할인티켓을 구입할 때 |
| 패스트푸드점 | ⇨ | 쿠폰을 사용할 때 |

2) 고객이 원하는 모든 서비스(예)

| 의료서비스 | ⇨ | 고품질의 의료서비스 |
| 공연장 | ⇨ | 최고의 연주 |

3) 지불한 가격에 따라 받는 서비스(예)

| 휴양지 여행 시 호텔 | ⇨ | 우선적 가치는 가격이고, 품질은 부수적인 가치 |
| 비즈니스 출장 시 호텔 | ⇨ | 최저 가격이 가치의 우선 |

4) 편익과 부가적인 요소(금전, 시간, 에너지) 등이 가치(예)

| 미용실 | ⇨ | 지불한 가격과 시간에 대한 대가로 받는 외모 |
| 사무실 청소 | ⇨ | 지불한 가격에 대한 대가로 청결해진 사무실 |

(2) 4개의 인식가치에 의한 가격 정책

1) 「저렴한 가격이 추구하는 가치이다」의 가격 정책

① 할인가격(discounting pricing) 정책
- 서비스 회사는 가치를 '저렴한 가격'으로 여기는 구매자와의 소통과 관계를 맺기 위해 할인가격을 책정한다.
- 예로서 미국의 e-commence 회사는 서비스 상품을 50~90%까지 대폭 할인해준다.
- 온라인 회사들은 이메일, 페이스북, 트위터를 통해 소비자에게 매일 홍보를 한다.
- 음식점, 세탁소, 호텔 등에 대한 할인쿠폰을 제공한다.

② 단수가격(odd pricing) 정책
- 고객은 끝수로 끝나는 단수가격을 선호한다는 전제에서 가격을 책정하는 방법이다.
- 미용실에서 퍼머넌트 비용을 40,000원이 아니라, 39,000원을 받는다.
- 세탁소에서는 와이셔츠 1벌당 3,000원이 아니라, 2,950원을 받는다.
- 단수가격은 소비자에게 할인과 세일이라는 느낌으로 '저렴한 가격이 바로 가치'로 여기는 고객에게 제공하는 가격이다.

③ 일치가격(syncro-pricing) 정책
- 일치가격 정책은 고객의 가격 민감도를 토대로 서비스의 수요를 가격으로 조절하는 가격 책정 방법이다.

④ 장소별 차별화(place differentials) 가격 정책
- 서비스가 소비되는 장소에 따라 가격의 차이를 나타내는 가격 책정 방법이다.

- 공연장의 앞줄, 축구장·야구장의 VIP석 vs. 공연장의 뒷줄, 축구장, 야구장의 외야석은 각각 차별화된 가격을 책정한다.

⑤ **시간대별 차별화(time differentials) 가격 정책**
- 시간대별 차별화 가격은 서비스가 소비되는 시간대에 따라 차별화된 가격을 책정한다.
- 주말의 항공티켓, 성수기의 호텔요금, 비수기의 해외여행 요금 등은 가격 차이를 보여 준다.

⑥ **구매량별 차이가격(quantity differentials) 정책**
- 구매량별 차이가격은 서비스의 구매량에 따라 차별화된 가격을 책정하는 방식이다.
- 피부 관리 쿠폰의 다량 구입, 항공사, 호텔 등의 단체할인 요금 등도 구매량별 차별가격을 적용한 사례이다.

⑦ **인센티브 차이가격(differentials as incentives) 정책**
- 인센티브 차이가 세분시장별로 저렴한 가격을 제공하여 서비스 구매를 유도하는 방식이다.
- 공연이나 스포츠 관람 시에 높은 입장료 때문에 관람을 꺼려하는 고객에게 할인요금을 제공하는 전략도 인센티브 차이가격의 사례이다.
- 전문가변호사, 치과의사, 내과의사를 초청하여 고객에게 무료로 전문 상담을 제공하면 고객으로 하여금 전문서비스 구매를 자극하게 된다.

⑧ **침투가격(penetration pricing) 정책**
- 침투가격은 새로운 서비스의 구매 수요를 유발하기 위해 저렴한 가격을 책정하는 방식이다.

2) 「최고의 서비스가 추구하는 가치이다」의 가격 정책

① 품위가격(prestige pricing) 정책

- 품위가격은 '가격이 높으면 서비스의 품질이 최상'이라고 고객이 인식할 때 책정한다.
- 고급호텔이 호화객실과 편의시설을 제공함으로써 고객은 품격 높은 서비스 가치를 인식한다.
- 이 경우 고객은 고객 스스로가 일반호텔과 차별화되는 최상의 서비스 혜택을 받기 때문에 고가의 서비스를 구매하게 된다.
- 최상의 서비스 가치가 반영된 가격이 오르게 되면 수요가 늘어날 수도 있다.

② 초기 고가가격(skimming pricing) 정책

- 초기 고가가격은 새로운 서비스가 출시될 때 고가의 가격을 책정하는 방법이다.
- 새로운 서비스가 기존의 해당 서비스를 능가할 경우에 적용할 수 있는 가격이다.
- 고객은 서비스 가격보다 새로운 서비스를 향유하는데 관심을 나타낸다.
- 서비스 회사공급자는 기꺼이 높은 가격을 지불하려는 고객들을 확보하는 계기가 된다.
- 보톡스 주사, 로봇 레이저 수술 등의 의료서비스는 높은 가격에 출시되자마자 고비용을 기꺼이 지불할 의사가 있는 소비자들이 시술서비스 혜택을 보았다.

3) 「지불한 만큼 받는 서비스가 추구하는 가치이다」의 가격 정책

① 가치가격(value pricing) 정책

- 서비스 회사 입장에서 불필요한 서비스를 줄여서 저렴한 가격을 고객에게 제공한다.
- 미국 사우스 웨스트 항공사는 빈번한 출발, 재미와 유머의 직원서비스 등의 묶음서비스를 저렴한 가격으로 고객에게 제공하는 가치가격 정책을 실시한다.

② 세분시장 가격(market segmentation pricing) 정책

- 세분시장 가격은 시장별로 서로 다른 서비스 품질에 대해 세분시장 간에 상이한 가격을 책정하는 방법이다.
- 세분시장 마다 수요의 가격탄력성이 다르고, 서비스에 대한 니즈needs가 상이하다는 전제를 토대로 하고 있다.

4) 「고객에게 주어진 편익과 지불한 금전, 시간, 에너지 반영이 추구하는 가치이다」의 가격 정책

① 묶음가격(price bundling) 정책

- 묶음가격은 여러 가지 제품이나 서비스를 특별한 가격으로 제공하는 가격 정책이다.
- 서비스 회사로선 묶음가격이 핵심서비스 수요와 부수적인 서비스 수요를 동시에 유발시키는 장점이 있다.
- 묶음가격으로 서비스 회사에서는 저렴한 가격으로 서비스를 제공하고 고객은 낮은 가격으로 서비스의 혜택을 받게 된다.
- 묶음가격은 레스토랑의 세트 메뉴, 놀이시설롯데월드 등, 여행패키지항공, 숙박, 입장권, 대중교통 요금 등에서 활용되고 있다.

② 이중가격(two-part pricing) 정책

• 이중가격은 기본가격과 변동가격으로 나누어진 가격 책정 방식이다.
• 케이블 서비스 회사는 고객에게 아주 저렴한 기본가격에 케이블을 설치해 주고, 설치 후, 프로그램 등의 부가서비스 제공비를 추가로 부담시킨다.
• 이중가격은 기본요금과 주행요금이 결합된 택시요금에서도 찾아볼 수 있다.

③ 결과중심 가격(results-based pricing) 정책

• 결과중심 가격은 서비스가 고객에게 제공된 후의 결과를 토대로 가격을 책정하는 방식이다.
• 변호사의 경우 고객으로부터 소송사건을 의뢰 받으면 수임료를 일부 받고, 사건이 종결된 후에 대부분의 남은 수임료를 받는다.
• 영화 제작사들은 영화가 흥행에 성공했을 때 투자자, 배우, 제작진에게 보수를 지급하는데, 이는 서비스의 결과에 기반해서 가격을 책정하는 방식으로 볼 수 있다.

Story Subject **이야기 거리**

01. 서비스 가격이란 무엇인가?

02. 서비스 업종별 가격에 대한 명칭을 열거해보자.

03. '수요를 관리할 수 있는 수단'으로서 가격이 중요하다고 한다. 왜 그런지를 설명해보자.

04. 가격이 어떻게 구매자의 지불능력을 평가하는 지표가 될까?

05. '가격이 소비자의 구매의욕을 평가하는 지표'가 된다고 한다. 그 이유를 설명해보자.

06. 고객입장에서 가격은 서비스 가치에 대한 고객이 인식하는 가격이다. 이를 기회비용이라고도 한다. 이 경우 기회비용의 의미는 무엇인가?

07. 고객입장에서 서비스 가치에 포함되는 기치의 유형을 설명해보자.

08. 총고객비용과 총고객가치가 합해져서 고객서비스 가치가 인식된다. 이 경우 총고객비용과 총고객가치의 세부항목에는 어떤 것들이 있는지 살펴보자.

09. 어느 고객(승객)이 KTX를 타고 서울에서 부산까지 간다고 하자. 화폐비용, 시간비용, 에너지비용, 심리적 비용과 상품가치, 개인가치, 서비스 가치, 이미지 가치를 접목시켜 이 고객의 서울-부산 KTX경로상 발생되는 비용과 가치를 분석해보자.

10. 서비스에 대한 비용중심적 가격을 설정하기 힘든 이유는?

11. '서비스는 변동비보다 높은 고정비를 지니고 있다'라는 의미를 그림을 그려 설명해보자.

12. '서비스 수요는 일반상품에 비해 비탄력적이다' 왜 그럴까?

13. '수요와 공급을 토대로 시기별로 가격 차별화 전략을 수행해야 한다'는 말은 무슨 의미일까?

14. '규모의 경제는 서비스 산업에서 적용성이 떨어진다' 왜 그럴까?

15. 왜 셀프서비스는 서비스 기업의 경쟁력 확보에 기여할까?

16. 묶음가격(price bundling)의 의미는 무엇이고, 어느 경우에 활용되는 전략인지를 논해보자.

17. 왜 서비스 상품 라인가격(product line pricing) 책정이 복잡할까?

18. 왜 서비스 분야에서는 불법가격 책정행위가 일반상품보다 많이 일어날까?

19. 서비스 가격 책정할 때 어떤 가이드라인이 필요한가?

20. 원가에 의한 가격 책정 시 고려해야 할 요소는?

21. 서비스 원가를 정확히 산출하기 어려워 원가에 기반한 가격 책정이 힘들다고 한다. 왜 그럴까?

22. 경쟁에 의한 가격 책정이 가능한 서비스 산업은?

23. 경쟁에 의한 가격 책정 시 부각되는 이슈와 문제점은 무엇인가?

24. 왜 고객의 인식된 가치에 의한 가격 책정이 힘들까?

25. 고객에게 서비스 가치를 제고시키는 가격 정책에 대해 구체적으로 논해보자.

26. 기존의 전통적인 서비스 가격 책정 방식에서 다루지 못했던(소홀했던) 이슈나 문제점은 어떤 것들이 있나?

27. 만족기반 가격 전략(satisfaction-based pricing)에는 어떤 전략이 있나?

28. 관계기반 가격 전략(relationship pricing)의 사례를 들어 설명해보자.

29. 효율성 기반 가격(efficiency pricing)의 목표와 효과를 논해보자.

30. '저렴한 가격이 추구하는 가치이다'라는 목표 속의 가격 정책에는 어떤 가격 전략이 있을까?

31. 어느 경우에 품위가격(prestige pricing)을 책정하는가?

32. 어느 서비스 기업에서 어느 경우에 인센티브 차이 가격을 책정하는가?

33. 초기고가 가격(skimming pricing) 전략은 어느 서비스에 활용되나?

제16장

서비스 촉진관리

16.1 서비스 촉진

(1) 서비스 촉진(service promotion)의 의미 및 목표

1) 서비스 촉진의 의미

• 서비스 촉진은 고객들에게 서비스 상품에 관한 정보를 제공하여 상품을 선택하게 하는 활동이다.

• 서비스 회사는 정보를 제공하고, 고객은 정보를 받고, 구매행동을 하는 상호 커뮤니케이션 활동이다.

• 서비스 상품이 고객의 욕구와 부합되고, 지불할 수 있는 가격일지라도 고객이 해당 서비스의 상품을 인지하지 못하면 서비스 회사나 고객이나 모두 혜택을 받지 못하게 된다.

• 커뮤니케이션 수단에는 물리적 시설, 언론매체, 촉진요소 등이 있다.

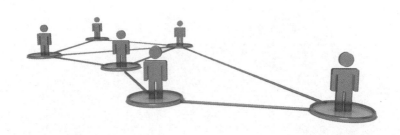

2) 서비스 촉진의 목표

- 고객에게 정보제공
- 서비스 상품에 대한 고객인지도 향상
- 고객설득 및 구매의욕의 고취
- 고객의 구매에 대한 확신 유도

(2) 촉진을 위한 커뮤니케이션 수단

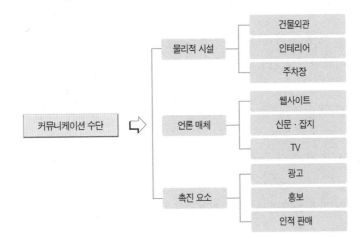

16.2 통합적 마케팅 커뮤니케이션 과정

(1) 통합적 마케팅 커뮤니케이션(IMC)의 의미와 촉진 수단

- 통합적 마케팅 커뮤니케이션Integrated Marketing Communication: IMC은 마케팅 커뮤니케이션의 다양한 촉진 수단을 통합하여 시너지 효과를 기대하는 방법이다.
- 제한된 촉진 예산 속에서 최대의 효과를 낼 수 있도록 촉진 수단을 통합한다.
- 서비스 촉진 수단은 광고, 판매촉진, 인적 커뮤니케이션, 홍보, 물리적 환경이 있다.
- 효력을 발휘하려면 각각의 커뮤니케이션 수단들의 특징 및 장점을 통합해야 한다.
- 다른 커뮤니케이션 수단과의 교류를 통해 통합적 시너지가 창출되도록 해야 한다.
- 광고도 서비스 상품에 대한 내용을 고객에게 인식시키고, 구매 시점에서 고객에게 인적 판매를 시도한다면 촉진비용을 감소시킬 수 있고, 촉진 효과도 극대화된다.

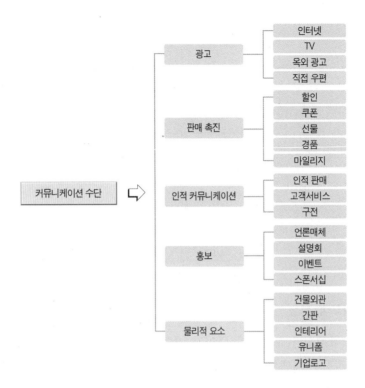

커뮤니케이션 수단 ⇨

- 광고
  - 인터넷
  - TV
  - 옥외 광고
  - 직접 우편
- 판매 촉진
  - 할인
  - 쿠폰
  - 선물
  - 경품
  - 마일리지
- 인적 커뮤니케이션
  - 인적 판매
  - 고객서비스
  - 구전
- 홍보
  - 언론매체
  - 설명회
  - 이벤트
  - 스폰서십
- 물리적 요소
  - 건물외관
  - 간판
  - 인테리어
  - 유니폼
  - 기업로고

(2) 통합적 마케팅 커뮤니케이션 과정

• 통합적 마케팅 커뮤니케이션은 5단계를 거쳐 수행된다.

표적고객 선정

↓

커뮤니케이션 목표 설정

↓

커뮤니케이션 예산 설정

↓

포지셔닝 전략 구축

↓

메시지와 미디어 전략 수립

↓

모니터링 및 평가

1) 표적고객 선정

- 먼저 표적시장 고객이 누구인지 명확히 파악해야 한다.
- 표적시장은 미래의 서비스를 구매할 잠재 구매자와 현재 고객이나 구매 결정자로 구분한다.

2) 커뮤니케이션 목표 설정

- 서비스 회사의 커뮤니케이션 목표는 회사의 서비스 상품을 잠재적 고객에게 설득하고, 상기remind시키는데 있다.
- 서비스 상품의 라이프 사이클 단계별 커뮤니케이션 목표와 전략을 수립하는 것이 중요하다.

- 커뮤니케이션의 목표는 상품 인지, 구매 유발, 상품 상기가 있다. 상위 목표에 따른 하위 목표는 판매 증가, 구매자 태도의 변화, 서비스 상품에 대한 구매자 인식의 향상 등이 설정될 수 있다.
- 여기서 하위 목표는 서비스 상품에 대한 보다 구체적이고 실천지향적인 목표가 설정된다.

■ 서비스 상품 라이프 사이클 단계별 커뮤니케이션 목표와 전략

	큼	작음
서비스 상품 출시 단계	상품 인지, 상품 설명, 호감도 창출	서비스 상품 소개, 브랜드 창조, 서비스 상품 인지
서비스 상품 성장 및 성숙기 단계	호감도 창출, 구매 유발, 구매 확신	경쟁사 상품에 비교우위 요소 창출, 구매 유발 서비스 회사의 이미지 향상
서비스 상품 성숙기 및 쇠퇴기	구매 확신, 상품 상기, 반복 구매	반복 구매의 권장, 기존고객에게 감사 표시, 고객과의 접촉 회수 증가

상위 목표 ⇩   하위 목표 ⇩

상품인지 (Informational)	판매 증가 (Infcrease insale)
호감도 창출 (Persuasive)	구매자 태도 변화 (Change in Consumer attitudes)
상품 상기 (Reminder)	서비스 상품에 대한 구매자 인식 향상 (Increase in awareness of firm and its offering)

| 커뮤니케이션의 상위 목표와 하위 목표 |

3) 커뮤니케이션 예산 설정

- 표적집단 설정되고 이 표적집단에 대한 목표가 설정되면, 커뮤니케이션 목표를 추구하기 위한 예산을 설정하여 배분하게 된다.

하양식 법	CEO가 예산을 설정하는 방식
상향식 법	서비스 상품 생산 부서나 브랜드 매니저가 예산을 설정하는 방식
상향식/하양식 법	서비스 상품 생산 부서에서 예산을 짜고, CEO 선에서 결재하는 방식
매출액 비율법	매출액의 일정 비율을 예산으로 설정하는 방식
목표대비법	커뮤니케이션 목표 달성에 요구되는 예산을 설정하는 방식
가용예산법	재무 상태에 따라 가용할만한 범위 내에서 예산을 설정하는 방식
경쟁사 대비법	경쟁사의 예산을 토대로 예산을 설정하는 방식

4) 포지셔닝(positioning) 전략 구축

① 포지셔닝 전략 구축

- 포지셔닝은 자사의 서비스가 타사경쟁사보다 우월한 이유를 고객에게 전달하는 전략이다.
- '스타벅스'는 환경친화적인 기업으로서 지속가능성에 대해 사회적 책임을 공유하는 커피 전문점으로 포지셔닝하고 있다.
- '필립 코틀러'는 회사가 포지셔닝하기 위한 차별화 전략을 상품 차별화, 이미지 차별화, 직원 차별화, 서비스 차별화의 4가지로 분류하여 요소를 나열하였다.

▲ 리더스북

차별화전략

② 포지셔닝 전략

5) 커뮤니케이션 메시지와 미디어 전략 수립

• 커뮤니케이션 목표가 설정되면 포지셔닝하기 위한 커뮤니케이션 메시지와
  미디어 전략이 수립된다.

① 커뮤니케이션 메시지 유형

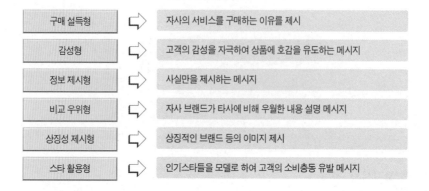

구매 설득형	자사의 서비스를 구매하는 이유를 제시
감성형	고객의 감성을 자극하여 상품에 호감을 유도하는 메시지
정보 제시형	사실만을 제시하는 메시지
비교 우위형	자사 브랜드가 타사에 비해 우월한 내용 설명 메시지
상징성 제시형	상징적인 브랜드 등의 이미지 제시
스타 활용형	인기스타들을 모델로 하여 고객의 소비충동 유발 메시지

② 커뮤니케이션 도구(communication tools)

• 커뮤니케이션 예산이 확정되면 커뮤니케이션 도구별로 예산을 배분한다.

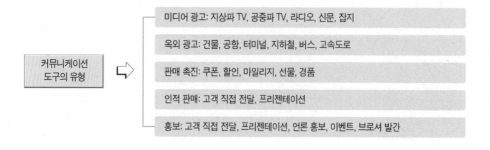

커뮤니케이션 도구의 유형
- 미디어 광고: 지상파 TV, 공중파 TV, 라디오, 신문, 잡지
- 옥외 광고: 건물, 공항, 터미널, 지하철, 버스, 고속도로
- 판매 촉진: 쿠폰, 할인, 마일리지, 선물, 경품
- 인적 판매: 고객 직접 전달, 프리젠테이션
- 홍보: 고객 직접 전달, 프리젠테이션, 언론 홍보, 이벤트, 브로셔 발간

③ 소셜 미디어(social media)에 의한 커뮤니케이션 도구

• 소셜 미디어에 의한 커뮤니케이션 도구는 SNS을 통한 커뮤니케이션 행위나 활동을 의미한다.

6) 모니터링 및 평가

• 서비스 회사의 커뮤니케이션 전략이 집행되면 서비스 회사에서는 이런 전략에 대한 시장의 반응을 모니터링 해야 한다.

• 모니터링에는 전략에 대한 효과를 평가하는 과정이 포함되어 있다.

• 전략에 대한 평가 후에는 평가 결과에 따라 전략을 수정할 수도 있다.

16.3 판매촉진

(1) 판매촉진이란?

- 판매촉진Sales Promotion은 고객의 즉각적인 구매를 유도하기 위한 전략이다.
- 판매촉진은 인센티브 등을 통해 고객이나 중간상에게 동기를 부여하여 구매를 유인한다.
- 판매촉진은 고객과 중간상을 자극하는 광고, 인적 판매, 홍보 등의 모든 촉진활동을 의미한다.

(2) 판매촉진 전략

- 가격 할인은 정규가격에서 일정률만큼 고객에게 가격을 할인해주는 수단이다.
- 할인쿠폰은 서비스 구매 시 쿠폰을 지참한 고객에게는 쿠폰에 제시되어 있는 할인율만큼 가격을 할인해 준다.
- 프리미엄은 정규가격에 제품을 더 많이 얹어 주는 전략이다.
- 사은품은 프리미엄과 유사하나 구매 제품이 아닌 다른 상품을 사은품으로 이용한다.
- 경품은 고객으로 하여금 제품 관련 행사에 참여하는 대가로서 제공된다.
- 마일리지 서비스는 자사서비스의 구매 시점을 점수로 환산하여 일정한 수준에 도달했을 때 보너스를 제공하는 대표적인 사례이다.

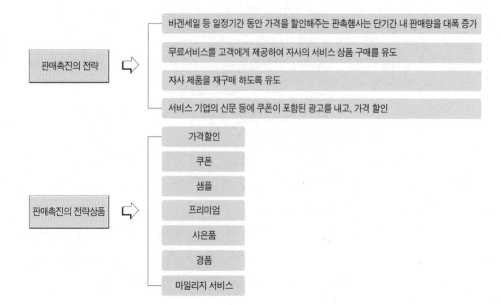

판매촉진의 전략 ⇨	바겐세일 등 일정기간 동안 가격을 할인해주는 판촉행사는 단기간 내 판매량을 대폭 증가
	무료서비스를 고객에게 제공하여 자사의 서비스 상품 구매를 유도
	자사 제품을 재구매 하도록 유도
	서비스 기업의 신문 등에 쿠폰이 포함된 광고를 내고, 가격 할인

판매촉진의 전략상품 ⇨	가격할인
	쿠폰
	샘플
	프리미엄
	사은품
	경품
	마일리지 서비스

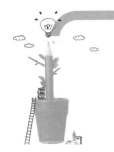

Story Subject 이야기 거리

01. 서비스 촉진이란 무엇이고 왜 필요한가?

02. 서비스 촉진의 목표는 무엇인가?

03. 통합적 마케팅 커뮤니케이션((IMC)이란 무엇인가?

04. IMC에서 커뮤니케이션 수단에는 어떤 것들이 있을까?

05. IMC 수단에서 물리적 요소는 어떤 것들이 있나?

06. IMC 수단에서 판매촉진 수단에는 어떤 것들이 있나?

07. IMC 커뮤니케이션의 도구를 설명해보자.

08. IMC 과정에서 예산 설정에 대해 논해보자.

09. 필립 코틀러의 포지셔닝을 위한 차별화 전략 4가지를 열거하고, 각각의 전략이 의미하는 것은 무엇
인가?

10. 커뮤니케이션 메시지에는 어떤 것들이 있으며, 메시지 유형별 역할은 무엇인지 논해보자.

11. 미디어의 장단점에 대해 논해보자.

12. 옥외광고의 장단점에 대해 설명해보자.

13. 서비스 특성에 따른 광고 전략을 논해보자.

14. 홍보와 광고의 차이는 무엇인가?

15. 마일리지 마케팅이란 어느 경우에 필요하고, 어떤 유형이 있는지를 논해보자.

16. 판매촉진의 구체적인 전략에는 어떤 것들이 있는가?

17. 판매촉진 전략 중 '프리미엄'의 의미는 무엇이고, 어떤 경우에 활용되는가?

저자 약력

• 원제무

미국 MIT대에서 도시계획, 도시마케팅 및 도시개발경영분석 등을 연구하여 도시공학박사 학위를 받았다. 도시마케팅, 창조산업, 서비스경영 등의 분야에 다양한 논문을 발표하였고, 이 분야의 정책과 경영에 대한 연구와 자문을 제공해 오고 있다.
KAIST 교통실장, 서울시립대 교수를 거쳐 한양대 도시대학원에서 장소마케팅, 도시경영, 창조도시 등에 대한 강의를 해오고 있다.

• 서은영

한양대에서 경영학 학사, 도시공학 석사, 도시공학 박사학위를 받았다. 도시환경연구원장(사단법인)으로서 도시마케팅, 경영분석, 브랜드, 마케팅, 도시정책 등의 분야에 대한 연구와 컨설팅을 해오고 있다.
현재 경기대 경영전문대학원 외래교수, 한양대 도시대학원·상명대 서비스경영학과 겸임교수로서 서비스경영, 서비스마케팅, 관광서비스마케팅 등의 강의와 연구를 하고 있다.

서비스 브랜드 마케팅

초판인쇄   2015년 7월 10일
초판발행   2015년 7월 20일

지은이   원제무 · 서은영
펴낸이   안종만

편 집   김선민 · 김효선
기획/마케팅   정병조
표지디자인   홍실비아
제 작   우인도 · 고철민

펴낸곳   (주)**박영사**
              서울특별시 종로구 새문안로3길 36, 1601
              등록 1959. 3. 11. 제300-1959-1호(倫)

전 화   02)733-6771
f a x   02)736-4818
e-mail   pys@pybook.co.kr
homepage   www.pybook.co.kr
ISBN   979-11-303-0202-7   93320

정 가   25,000원